子どもの夢実現を加速する実践法

かとうゆか 著

セルバ出版

はじめに

　はじめまして、元気アカデミー代表の元気プロデューサーかとうゆかです。本書を手に取っていただきありがとうございます。私は、「元気健康」をテーマに活動を始めて、２０２０年で16年目となります。

　今回の出版に際しまして、なぜ「子どもの夢実現を加速する」というテーマに至ったのかをご説明させていただきます。


　私は、中学生のときに、体育の教師を志し、日本体育大学卒業後、私立高校で16年間の教員生活と、６年間の高校と短期大学での中間管理職を経て、44歳で独立をしました。

　22年間の私立学園の生活の中では、16年間は高校教員、６年間は短期大学・高校の中間管理職と、部活動では、ソフトボール部の顧問を９年、硬式テニス部を創部して13年間顧問、短期大学では、テニス部の顧問を5年、新体操部を創部して、活動しやすい環境づくりとメンタルサポートをしていました。特に、高校のテニス部と短期大学の新体操部では、呼吸法や瞑想、気を活用してメンタル強化に役立たせていました。

　独立のきっかけは、43歳の時に乳がんの第四期となり、入院時は、生きるか死ぬかの人生最大のピンチでしたが、本人としては、人生最大のチャンス到来、このタイミングで人生を一旦リセットして、第二の人生を歩こうと決心したからです。

なぜかというと、就職当初は、教員として定年退職まで仕事をしようという考えでしたが、30歳代半ばから気持ちに変化が表れ、学校という枠組みの中だけではなく、もっと広い世界に出て、多くの人に会い、自分にしかできないことで人のお役に立ちたいと思い始めました。自宅の食卓に、黒い肘掛けのついた社長椅子を連想するような椅子を置き、目の前の壁には、ただ漠然と「社長になる」と書いた紙を貼り、いつもそれを眺めて食事をしていました。今、思い返せばなんてノーテンキなのだろうと笑えてきます。

私にとって、乳がん第四期は、独立のためのきっかけだったと思っています。人は余程のきっかけがなければ、大きな行動には移しません。特に学校という組織では、卒業生を送り出して終わりではなく、また新たな入学生と出会います。毎年、この繰り返しをしていると知らない間に何十年が過ぎていきます。

幸いにも短期大学と高校の中間管理職となり、高校の授業や担任という現場から離れ、部活動だけは関わっていたものの副顧問も育ち、教員のときより、生徒との関わりが減ったので、退職に踏み切ることができました。

私は入院をしていたときに、日記をつけていました。その入院17日目のところに、「私は、乳がんという体験を通して、多くのことを学び、少しでも人の役に立ち、女性の皆さんに勇気と希望を与えることができました。ありがとうございました」と抗がん剤治療がまだ始まったばかりのときに過去形でこのように書いていました。のちに、この日記がブログとなり、「がん克服講座　元気日記」という冊子になりました。現在は、元気アカデミーのホームページからダウンロードできるようになり、今でも多くの方々が読んでくださっています。

入院時から独立したら何らかの形で、ピンクリボン活動をしようと心に決めていました。また、自分自身が大病をして、「元気健康」であることの重要性を痛感したので、この体験を生かして、多くの人が元気健康になることに関わっていくことにしました。

乳がんに関しては、おかげさまで抗がん剤治療だけで、がんが消えるということが起きましたので、手術をすることもなく、現在に至っております。

独立当初は、「元気倶楽部」を発足して、聴いて元気になる講演会の企画・運営と教育現場やスポーツ指導の経験を活かして、子どもの能力開発教室をスタートしました。

翌年の正月に、ふと自分に「こうして元気でいられるのはなぜなんだろう」と問いかけました。本来なら生存確率30％で、入院したときの状態がかなり悪かったので、担当医や看護師の間では、「いつまで生きられるのだろうか」と言われていたのが、入院中も退院後もいつも元気でいられるのは、なぜなのか、自分自身の答えは、「そうだ、ソフトボールで日本一になるために、厳しい練習に耐えてきたから今があるんだ」ということに行き着きました。

私は、自分を育ててくれたソフトボールに恩返しをしようと思い、指導者・選手の皆さんの役に立つソフトボールのＤＶＤ制作販売や講習会を開始しました。さらに、ソフトボールを続けたくても中学校に部活がない人や、高校で活躍できるために、基礎的な力をつけたい人の要望に応えるべく、ソフトボールのスクールを開校しました。

開校時からの方針は、『教えないソフトボール』です。スクールなのに、教えてくれないのかと驚かれたかもしれませんが、全く教えないのではなく、教えすぎないということなのです。

個人個人には、本来持っている能力・技能があります。それを発揮させ開花させるには、１人ひとりの自主性・主体性が不可欠です。これからはアクティブ・ラーニングの時代です。その自主性・主体性が「教えすぎ」によって奪い取られてしまうケースがとてもよくあります。

教えないソフトボールとは、「教えすぎない」ことで、１人ひとり自分自身で自分の弱点を知り、できる自分を発見しながらレベルアップを計っていくことを目指す指導法です。

これからの時代はＡＩ化が進み、社会が大きく変わっていきます。これからの時代を生き抜く力として、「非認知能力」が必要と言われています。

当アカデミーでは、日常から「非認知能力」を育む工夫をしています。呼吸法・ビジョントレーニング・集中力トレーニング・イメージトレーニング・記憶術や夢実現を加速するワークなども取り入れ、ソフトボールだけにとどまらず、これからの社会を生き抜く力のベースを育んでいます。

さらに、スポーツ選手として必要なトレーニング、コンディショニング、栄養学を専門家から学びます。

また、体育会系イノベーションとして、スポーツの世界にありがちな無用な上下関係は排除しています。お互いの才能や個性の違いを学年に関係なく認め合い、年上は年下を大切にし、年下は年上を敬う、一部の選手だけでグループをつくらず、誰とでも仲良く、競い合いながら助け合いながら共に成長していくことに重きを置いています。

そして、「文武不岐」です。文武両道は、勉強とスポーツの両立と捉えますが、文武不岐は、勉強とスポーツのそれぞれの努力がどちらにもつながると捉えます。

開校から12年目となりますが、すでに多くの卒業生が巣立ち、高校や大学・日本リーグとソフトボールを続けてくれています。

ピンクリボン活動に関しては、ＮＰＯ法人を設立して、「元気健康フェスタ　ピンクリボン一宮」というイベントを年に1回開催して、その収益の一部をピンクリボン活動団体に寄付しました。

このイベントは、10年継続して実施しましたが、規模が大きくなり、準備にかなり時間を費やすため、10回を一区切りとして、現在は別の形で、ピンクリボン活動を行っています。

数年前から講師として登壇させていただく機会が増えました。中学生、高校生、子育て中のお母さん、一般と対象は様々です。

当初は、『明るく楽しく元気よく笑って今を生きる』というテーマが多く、最近では、サブタイトルに、『末期がんからの復活爆笑ストーリー』が付くようになりました。

タイトルのとおり、乳がん末期の体験をお話ししますが、そこからプラスの思考であるとか、言葉や笑顔の大切さであるとか、何故それが大切なのかを体験していただきながら話を進めます。

末期がんという文字が入っているので、特に中学生は、話を聴く前から「がんの話か、なんだか暗い」と勝手に想像してしまい、暗い雰囲気で講演会がスタートすることが多々あります。

しかし、途中から場の雰囲気も明るくなり、笑いが増え、講演会終了後は、全員と笑顔でハイタッチをしてから解散します。

また、『夢実現を加速する応援ワーク』では、講演会形式ではなく、参加型形式でカラダを使って体験したり、ノートに書き出したり、ボードや色紙を使って製作したりして、自分の夢を掲げ、その夢を実現していくための思考であるとか、具体的な方法であるとかを見つけていきます。

最初から夢を諦めたり、夢が見つからなかったり、夢があったとしても夢物語で終わってしまうなどといったケースがよくあります。

一度の人生で自分は何をしたいのか、何をするとワクワクするのか、自分自身と対話をしながら長期的・中期的・短期的な目標と具体的な行動を決めていきます。

そして、夢実現に向けてスタートします。

本書では、日頃『夢実現を加速するワーク』で行っているアイテムをお伝えしていきます。
（1）夢の実現を加速させたい

（2）自分が実現したい夢を見つけたい
（3）親子のコミュニケーションツールとして一緒にやってみたい
と、お思いの方は、ぜひ試してみてください。

なにぶんにも、私かとうゆかの長年の体験や実践を通して、述べさせていただいております。データ等を収集して科学的に述べているものではありませんので、その点をご理解の上、お読みいただけると幸いです。

かとう　ゆか

２０２０年10月

子どもの夢実現を加速する実践法　目次

はじめに

第1章　子どもの夢実現を加速する（大人編）

1　子どもの夢は子どもが決める…16
2　子どもは自分の思うようにはいかない…20
3　やりたいことをとことんやらせてみる…24
4　子どもにとって愛情は心の栄養…27
5　見守ることで子どもは育つ…30
6　話を聞くことに努めるだけで変わる…33
7　子どもを知るということ…36
8　プレゴールデンエイジの時期が重要…40
9　子どもの可能性は無限大…42
10　子どもの夢実現サポーター…50

第2章　夢実現に向けて（子ども編）

1　自分とのミーティング…56
2　自分自身を知ろう…59
3　どんな夢を実現したいですか…64
4　ドリームキラー…67
5　先入観や思い込みが邪魔をする…71
6　自分の潜在能力を引き出そう…76
7　素直に受け止めてみよう…80

第3章　夢実現を具体化するコツ

1　リラックスしよう…84
2　気の巡りをよくしよう…88
3　笑って免疫力をアップしよう…92
4　ポジティブ思考と言葉…95

5　夢を目標に変えてみよう…102
6　人生の夢実現ストーリーを描こう…104
7　同じ夢を実現した人から学ぼう…108

第4章　夢実現を加速するノートとボードの作成

1　夢実現を加速するためのツール準備…112
2　人生の夢実現ストーリーの設計図を描く…114
3　フューチャーボードを作成する…116
4　フューチャーボード完成…119
5　常にメモを取ろう…121
6　自分をマネジメントしよう…123

第5章　夢実現を加速するコツ

1　夢実現を加速するための日課…128
2　ありがとうの習慣化…130

3　片づけと掃除で運気上昇…132
4　出来事さんと呼ぼう…134
5　アウトプットしてみよう…136
6　非認知能力を養おう…138
7　チームの夢実現を加速しよう…140

第6章　強く願うビジュアライゼーションのコツ

1　ビジュアライゼーション…144
2　イミテート法…149
3　イマジネーション法…152
4　アファメーション…157
5　オブサブ法…159
6　イメージリハーサル法…161
7　現場での実践事例とまとめ…164

第7章　夢実現を加速する　～事例・体験コメント～

1　私立高校教諭　谷口玲子さん…170
2　高校生　元気ソフトボールアカデミー卒業生　黒田有紗さん…171
3　元気ソフトボールアカデミー在籍　野崎梨杏さん…173
4　公立高校教諭　船橋　健さん…175
5　保育士　高校テニス部　卒業生　佐竹絹代さん…177
6　テニススクールコーチ　高校テニス部　卒業生　松井敏恵さん…180
7　大学新体操部　監督　中村恵子さん…183
8　かづこ助産院　本舘千子さん…184
9　講演会受講生　北海道二海郡八雲町在住　佐々木秀代さん…186

あとがき

第1章　子どもの夢実現を加速する（大人編）

1　子どもの夢は子どもが決める

あなたの夢は何ですか？

あるとき保護者の皆さんにあなたの夢は何ですか？　と聞いたことがあります。

「バリ島へ行ってみたい」

「専門資格を取って、子どもが高校生になったらその資格を活かして仕事がしたい」

とか、いろいろな回答が返ってきました。これらの回答はご自身の夢ですが、

「娘がバレーボールの試合に勝って全国大会に出て、それを応援に行きたい」

「小学生の息子が甲子園のマウンドに立つことです」

このような回答が返ってきたこともあります。

あなたの夢の押しつけをしていませんか

「バリ島に行きたい」「資格を取って仕事がしたい」などは、ご本人自身が達成したい夢ですが、

「娘が、全国大会出場を決めてその応援に行きたい」

「息子が甲子園のマウンドに立つ」

というのは、少し違うと思いませんか。お子さんが全国大会に出場するとか甲子園のマウンドに立

つというのは、お子さん自身の夢ではないでしょうか。

でも、現実的に、保護者自身の夢として、その夢を叶えるためにお子さんに、

「しっかり練習しなさい」

「頑張りなさい」

と日常から言い続ける保護者がいます。

しかし、子どもは、みんなと楽しくスポーツができればいい、県大会に出られたら嬉しいな、いい思い出づくりができればいいな、とそう考えていることもあるのです。その親と子の思いのギャップにうんざりして、もう辞めたいとリタイアしてしまうこともあります。

また、自分が子どもの頃、夢を果たせなかったので、子どもにその夢を託す人もいます。それはそれで、子どもが本当に実現したい夢であれば問題はありませんが、押しつけや強要は、のちのちいろいろな問題が起きてくるので要注意です。

最悪な例は、プロスポーツがある競技でのことです。息子がゴルフを始めたら上達が早く、小学生のうちに頭角を現し、お父さんは、息子は第二の石川遼になれると勘違いしてしまい大暴走、のちに家庭が崩壊というケース。また、野球では、お父さんが自分の息子はプロ野球選手にすると大張り切りで、小学低学年から朝も夜も練習を課し、野球道具にお金をつぎ込み、いつしか子どもの気持ちは置き去りにされ、結局早い段階でバーンアウトしてしまい、高校生のときは、暴走族に入り、バイクを乗り回して大けがをするというケースもありました。

主役は、あくまでも子どもなので、子どもの意思を尊重して、客観的に見てあげることが大切です。

子どもは自分で夢を描きます

日々の生活の中で、子どもは子どもなりに考えています。幼い頃だと、ケーキが好きだからパティシエになりたいとか、最近では、ユーチューバーになりたいとか、自分の日常で得られる情報の中で、憧れを持ったり、真似をしたりして、そういう中で成長していきます。

だからと言って、ほったらかしではなく、幼少期には、図書館や美術館、動物園に行ったり、自然を体感できるところに行ったり、自宅とは違う環境に身を置くことで、普段得られない情報を得られますし、夢を描くには幅が広がっていきます。なかなか出かける機会がつくられないときは、いろいろなジャンルの本を読み聞かせしたり、本人のそばに本を置いたりするのもよいと思います。

必ず体験してみることです

このスポーツをやらせたいと、保護者が思うのは結構ですが、体験させてみて、嫌なら無理にさせないことです。いろいろ体験する中で、本人が楽しいと思えることに出会うことがあります。それが、もしかしたらスポーツではなく、音楽かもしれませんし、絵画かもしれません。そして、そこから夢につながっていくケースがあります。

私の会社の女性スタッフの息子の話です。当時、息子が保育園の年長のときに、小学校に入学したら野球かサッカーをさせたくて、いろいろ探しては体験会に参加させていました。

お母さんは、体験会後に、子どもがやりたいと言ってくれるのを期待していましたが、楽しかったとは言うもののやりたいという言葉は出ませんでした。そうしたら、あるとき本人がバスケットボールをしたいと言い出したので、お母さんはバスケットボールができるスクールを探して、体験会に連れて行きました。

さて、どうなったでしょうか？　もうおわかりですね。「楽しかった、すぐ入りたい」と言って、小学６年生になった今も天気のよい日は自転車で、雨の日はバスで、自分の足で通い、楽しくバスケットボールを続けています。

身近にバスケットボールの情報がなかったのに、何で知ったのか、何がきっかけだったのか、「いまだに不思議だね」といつもそのお母さんと話しています。それと、バスケットボールのスクールの数は野球やサッカーと比較すると絶対的に少ないのに、探してみたら高学年になれば、自転車で通える距離にあったということがわかり、こうなると偶然ではなく、彼にとって必然だったとしか言いようがありません。

このケースもお母さんが、最初からバスケットボールができる場所なんてないと思い込んでいたり、野球・サッカーに固執していたりしたら、今頃、彼はどうなっていたでしょうか。お母さんの行動力と決断があったからこそだと思います。

まだ小学６年生なので、興味の対象が変わるかもしれませんが、今は、YouTube でＮＢＡやＢリーグの試合を視聴したり、近くでBリーグの試合があれば会場で観戦したりして、バスケットボールを楽しんでいます。

2　子どもは自分の思うようにはいかない

生まれてきてくれてありがとう

お子さんが、この世に生を受けてから、よちよち歩くまでは、「可愛い、可愛い」と着せ替え人形のように、いろんな服を着せたり、お子さんが笑っただけでも「笑った」と喜んだり、家族みんなが幸せな気分になります。私もそんな光景を見るとなんだか心が温まります。

しかし、それが数年後には、

「言うことを聞きなさい」

「片づけしなさい」

「何度言ったらわかるの」

と声を荒げるシーンを見かけることがあります。

そして、お母さんは、

「こんなはずじゃなかったのに。昔は、よく言うことを聞いてくれたのに困っています」

と言います。

そんなときお母さんには、

「この子が、この世に生まれてきてくれたときの幸せな気持ちを思い出してみましょう。子どもは神様からの授かりもので、あなたのロボットでもないのだから、イラっときたらゆっくり深呼吸をしましょう。生まれてきてくれてありがとうという気持ちを忘れないでくださいね。あなたのメンタルが試されているのですよ」

と話します。

そうすると、お母さんは、はっとした顔をします。時には、ポロポロと涙を流すこともあります。

子どもはこうあるべきという枠にはめない

子どもの人格も尊重して、子どもだからと決めつけないで、1人の人間として接することをおすすめします。

私の知り合いで、仮にAさんとします。Aさんには女の子と男の子の2人のお子さんがいて、お子さんが、幼稚園の頃から、他人に自分の子どもの話をするときは、「彼女が」「彼は」と言い、お子さん本人には、「〇〇ちゃん」「△△くん」と呼んでいました。決して、子ども扱いをせず、1人の人間として付き合っていました。幼い頃から決して頭ごなしに叱らず、感情的にもならず、本人の言い分を聞き、間違っているときは諭していました。

私は、そのご家庭にお邪魔するたびに、その光景を見て、凄いなと感心したものです。現在は、お2人とも成人し、独立してそれぞれの道を歩いています。

思うようにさせようとすればするほど抵抗する

これは、私自身の話ですが、小学校低学年の時、父は最初が肝心と私に勉強をさせました。それも勉強の前に、机に向かう姿勢、鉛筆の持ち方、目とノートの距離、消しゴムの消し方、そこから始まりました。読書感想文を書けば、父の前で立って読み、算数は父の声で録音してある問題に答えるなどしました。母が以前に流産したので、父は初めての子が嬉しかったのでしょう。

しかし、私はどうなったでしょうか、そろばん塾に行ったふりをして遊んだり、友達の家に集まって遅くなってから帰宅したり、勉強をさせようとすればするほど抵抗をしました。

さすがに父もこのやり方では無理だと諦めました。ある意味、諦めも肝心です。

過干渉は危険

過干渉とは、字のごとく必要以上に干渉すること、必要以上に他人の物事に立ち入り、自己の意思に従わせようとすることです。子どもがやりたいことがあってもそれは受け入れず、自分のやらせたいことを命令するのは、子どもの成長にとっては最も迷惑な話です。

過干渉をする親は、子どもを1人の人間とは思わず、自分の一部とか自分の私物と思っている傾向にあります。幼い頃は疑問にも思わず服従するかもしれませんが、成長するにつれ、自我が芽生えてきます。また、思春期になるにつれ、自分なりの考えを持ちます。

私が対応した事例ですが、ある女子は、幼い頃からずっと親に「こうしなさい」「ああしなさい」「よい子でいなさい」と言われ、一生懸命言われたとおりにしてきました。本人の気持ちとしては嫌だと思っても、何か違うと思ってもその通りにすると、親が褒めてくれました。それを日々繰り返していましたが、ついに我慢の限界を超えてしまい、家を飛び出し非行に走りました。親は、「なんで、うちの子が」「あんなによい子が非行に走ったのは友達のせいです」という始末でした。

彼女を見つけ出し、話を聞いてみると、「もうよい子でいることに疲れました」と泣きながら教えてくれました。それまで、本人なりに、親の理想の子どもになろうと努力してきたのですが、本人の心と親の理想のギャップに心が折れてしまったのです。

人はコントロールできない

子どもに限らず、他人をコントロールすることは無理です。コントロールしようと思えば思うほど抵抗します。価値観は人それぞれ違うので、価値観の押しつけはしないことです。簡単な話ですが、人をコントロールすることは諦めることです。「諦める」というと言い方が悪くなりますが、「あきらめる」を「あきらかにみとめる」と捉えてみるとよいのではないでしょうか。人は顔も体格も育った環境も性格も味覚も何もかも違います。その違いを認めて、子どもや他人をコントロールするのではなく、自分の考え方や捉え方を変えていったほうが、お互いのストレスもなくなります。

3　やりたいことをとことんやらせてみる

ゲームばかりやっていて困ります

「うちの子はゲームばかりやっていて困ります」と言うお母さんがおられます。

そんなとき私は「集中できることがあるのだから、とことんやらせればいいですよ」と言います。とことんやれば、どこかのタイミングで、これだけやったから満足、やりきったとなります。今度は、次に興味を持ったことに向かっていきます。中途半端に「30分だけ」とか、「やめなさい」と取り上げると隠れてでもやりたくなるのが人の常です。

こういう話をすると、「ゲームにはまってしまって勉強も何もしなくなったらどうしましょう？」と返ってきます。まだ、とことんやってもいないのだから、起きてもいないことに不安にならず、親がやらせてみる勇気を持つことだと思います。

それで、ゲームに飽きたなら、「すごいね。ゲームで集中力がついたね」と言ってあげましょう。

迷路をひたすら描く少年

次は、高校時代の後輩の息子さんの話ですが、現在、彼は20歳になりプロゴルファーを目指しています。

私は、彼が幼稚園児のときに出会いました。ランチを食べに行っても、どこにいても、ずっと白い用紙に迷路を描いていました。おしゃべりも一切しないで、ひたすら迷路を描き続けていました。自宅にいるときもひたすら迷路を描いていると言っていました。

そこで、描いた迷路を見ると実に上手にできていました。手描きの迷路なのに、印刷してあるかのように、実に正確で緻密にできていました。

私は、彼に一言、「迷路を描くのは楽しい？」と聞いたら、

「うん、楽しい」と即答しました。

「迷路ばかりずっと描いていて、どこかおかしいのではないかと心配になります。どうしたらいいですか、やめさせたほうがいいですか」と後輩が言いましたが、

「飽きるまで、とことん迷路を描けばいい、そうすれば満足してやめるから、そのまま見守ればいい。ただ、上手に描けたねとか、細かく描けたねとか声をかけてあげて」と答えました。

その後、彼は小学3年生からゴルフを始め、大きな大会で優勝するなど、活躍しているのは聞いていました。きっと迷路描きでついた集中力や判断力、先を読む力が少なからず役立っていると思いました。そして、そのときにお母さんが、とことんやらせてあげたことも大きかったと思います。

今回の執筆にあたり、直接本人から迷路描きが役立っているか聞いてみました。

本人いわく、「迷路描きは小学3年生まで続けて、ゴルフを始めてからはレゴをやり始め、今も好きです。迷路を描いていたときの集中力は、やはり、ゴルフに生かされています。

一番生かされていると思うのは、ホールごとの、攻め方の構成です。カップまでを線で結んで、コースマネージメントを頭の中で浮かべ、構成していくことに生かされていると思います」

「ゴルフは、迷路と似ていて、いろいろな攻め方があるし、ボールの位置によって、いろんな組み立て方を考えるのが、また面白いです。最終的に、少ない打数でカップに入れるのがゴールですが、迷路と似ているところがあります。だから、ゴルフは、ほんとに、面白いです」

と話してくれました。

迷路をとことん描いたことで、論理的思考能力や目標達成能力が育まれたのだと推察します。

彼は、山中　頌君といいます。小学3年のときに、お母さんのゴルフの打ちっぱなしについて行ったときが、ゴルフを始めるきっかけになったそうです。それから、テレビでタイガーウッズを観て、将来は、タイガーウッズのようになると心に決めて、ゴルフに夢中になり、現在は、プロゴルファーを目指して練習に励んでいます。

彼もまだ夢の途中です。15年ぶりの再会になりますが、私なりに応援していきたいと思います。

とことんやらせてみる勇気

前述しましたが、子どもが何かをとことんやるには、親の勇気が大切です。今回はゲームと迷路の事例を挙げましたが、それが囲碁なのか、折り紙なのか、スポーツなのか、本人がやりたいと言い出したことは、究めるくらいとことんやらせてみてください。

4　子どもにとって愛情は心の栄養

助産師さんからの興味深い話

教員のときに、現場での年数が長くなればなるほど、５歳までの大人と子どもの関わり方、子どもを取り巻く環境、幼児教育の重要性を感じたものです。その気持ちは、今でも変わりません。

あるとき和歌山県の那智勝浦町で、「かづこ助産院」を開業されている本舘千子先生と出会いました。本舘先生は、妊娠、出産、産後ケアに留まらず、小中学校への心と体の出張授業、近年では、「紀南地方を元気なお母さんが日本一多い地域にしよう」との考えの基、『Mam's school』という団体を設立して、毎月いろいろな分野の勉強会をされています。

本舘先生とは、子育て・教育の話で意気投合して、公私ともに仲良くさせていただいています。

そんなご縁から、２人のジョイント講演会を開催するようになりました。

ピンクリボンイベントでは、私は、「元気健康」をテーマにして、本舘先生は、「いのち」をテーマにして、講演会を実施しました。

そこで、本舘先生は、「赤ちゃんは、栄養を与えるだけではだめですよ。スキンシップをしないと死んでしまいますよ」と話をされました。

これは興味深い話だと思い、助産師として、長年多くの出産に立ち会い、子育てのお母さん方をサポートしてきたプロに、この機会に育児相談や講演会でお話されている内容の一部を挙げていただきました。

本舘先生より、

『私は、助産師ですから、育児相談で、「赤ちゃんが泣いてもすぐに抱っこをしないほうがよいですか?」「泣き出したらすぐ抱っこをすると、抱き癖がつくと言われます。どうしたらよいですか?」という相談を受けます。

実は、この「抱き癖」には何も根拠はありません。戦後の日本に、アメリカから抱き癖をつけないという「強制自立育児法」が紹介されたことが、抱き癖となりました。戦前の日本では、赤ちゃんは常に抱っこかおんぶをして、スキンシップ、いわゆる親子の肌のふれあいがしっかり行われていました。

ここで、抱っこについて、大変興味深い実験結果をご紹介します。

今から約780年前、ローマ帝国皇帝フリードリヒ2世は、「もし、赤ちゃんに言葉を教えなかったら何語を話し始めるのか」という実験をしたそうです。

条件としては、生まれてすぐ親を亡くした赤ちゃんを乳母が育てる。乳母は、赤ちゃんが泣いたらミルクを与える。おむつは交換することができるということだったそうです。しかし、抱っこしたり、あやしたり、喜怒哀楽の表情は見せることは許されなかったそうです。

すると、実験に参加したすべての赤ちゃんは生後1歳になるまでに、全員が亡くなってしまい、結果的に、何語を話すかという言葉の実験としては失敗したそうです。

ここからわかったことは、人間は幼いとき、身体の栄養だけではなく、養育者が抱っこや話しかけること、あやすことなどの『愛情＝心の栄養』がなければ、生きていけないということです。

よって、幼い子どもにとって、抱っこやスキンシップはとても大切なのです。

さらに、自立した子どもに育てるには、子どもの成長・発達に合わせて、親自身も変わっていかなくてはいけません。わが子を早く自立させるコツは、幼い頃にたくさん抱っこして、スキンシップをして、親や周囲の大人から愛されているという自己肯定感や自尊感情を育むことです』と締めくくられました。

日本には、『三つ子の魂百まで』ということわざがあります。これは、三つ子とは３歳の子どものことで、３歳ごろまでに形成された性格は百歳まで変わらない、という意味を持つことわざです。

昔からあることわざで、科学的根拠はわかりませんが、要は生まれてから3歳までの間に性格が形成されるので、この時期の子育てはとても重要ということです。

子どもの成長とともに親の接し方も変わる

さて、幼児期は幼稚園や保育園に通う年齢になります。よちよち歩いていたときから、気づけば、走ったり、跳んだり、言葉の数が増えたりと、はっと驚かされることがあると思います。身の回りのことも自分でできることが増え、子どもは徐々に自立を始めます。

この時期は、いろいろなことに興味を持つので、「自分でやる」と言い出します。そんなときは最初からダメと言わず、やらせてみましょう。もちろん起こりうる事態を事前に予測する危機管理も必要です。子どものやってみたいという気持ちを大切にしましょう。これも子どもへの愛情です。

5　見守ることで子どもは育つ

過保護からの卒業

過保護とは、子どもを育てるときに、必要以上に面倒を見ること、甘やかすことです。

私はよく過保護な保護者に、「石橋を叩いて渡るより叩きすぎて割る」と言います。「石橋を叩いて渡る」ということわざは、頑丈に見える石橋でも、安全を確かめてから渡る。用心の上にも用心深く物事を行うことのたとえです。

それを「叩きすぎて割る」というのは、子どものために先、先と親がよかれと思ってやりすぎてしまったり、子どもにブレーキをかけてしまったりして、子どもが前に進めない、自立できなくするたとえで使っています。

自立するための協力

当スクールでは、自分の道具や弁当・水筒は自分で持ち、練習の準備や片づけは自分たちで手分けして行います。小学生については、どうしても子どもだけでできないことに関しては、お手伝いをこちらからお願いをすることとしています。

もちろん自宅では、当日必要なユニフォーム・着替えやタオルなどもすべて自分で用意をして、小学生については、保護者が準備するのではなく、傍について見守ってもらうようにしています。もし保護者に荷物を持たせているのを見かけたときは、その場ですぐ本人と保護者に話をします。

スクール開校当初、中学生の選手がユニフォームを忘れてきたことがありました。なぜ忘れたのかと理由を聞くと、本人は「バッグの中にユニフォームを入れました」と答えたので、お母さんに確認をすると、「忘れ物があったら心配なので、いつもバッグの中を確認しています。ユニフォームは、私が必要ないと判断してバッグからユニフォームを出しました」とのことでした。

その家庭は、いつもお母さんが子どものためにという思いで、荷物に限らず何でもしてあげていると言っていました。すべてにおいて、お母さんが手を出してしまうので、子どもは自立しません。

また、家でやりたい放題、わがまま勝手なので、それがスポーツのときにもはっきり表れました。自分の言いたい放題・やりたい放題なので、チームスポーツでは周囲とトラブルが多く、うまく付き合うことができませんでした。何度も親子との話し合いの場を持ちました。子どもは自立しようと努力しますが、長年の習慣で、親が子離れしたくないので、結局、高校進学は本人が家を出て寮生活を選択しました。寮生活では、今まで親任せだった洗濯、掃除も自分で行い、食事は当番制でこなし、他人との共同生活をすることで彼女は成長していきました。

自己責任ということ

ある高校生のお母さんと私のやり取りです。

お母さん「うちの子は毎朝自分で起きられないから困っています」

「朝は忙しいのに、遅刻しそうなときは学校まで送っています」

私「目覚まし時計はかけていますか」

お母さん「はい、1個あります。それでも起きないから私が起こしています」

私「それならもっと目覚まし時計を置けばいいじゃないですか」

お母さん「でも、それでも絶対起きないと思います。学校に遅刻します」

私「遅刻すればいいじゃないですか」

お母さん「それは困ります」

私「なぜ困るんですか、お母さんが遅刻するわけではないのに」

お母さん「でも…遅刻したら恥ずかしいですし、進路に影響するといけないから」

私「放っておけばいいですよ。遅刻して困るのは本人です。これはまずいと思えば、自分で起きる工夫をしますよ。遅刻したのは親が起こさなかったのではなく、自己責任です」

このようなやり取りを保護者として、本人とも話します。そうすると、自分で目覚ましを置く位置や設定時間を工夫して、自力で起きて遅刻しないで学校へ行くようになります。

また、スクールで1日練習をするとき、たまに弁当をバッグに入れ忘れる選手がいます。そうすると、子どもは親のせいにして、親は必死になって弁当を届けに来ることがあります。

そんなとき私は「自分が忘れたのは仕方がない。みんなで分け合って食べればいいし、私がお金を立て替えるからコンビニで買ってくればいい。親の責任ではなく、家に置き忘れてきたあなたの責任」と言います。

そして、さらに、「せっかく早起きしてつくってくれたお弁当を忘れるなんて、今日自宅に帰ったら、持っていくのを忘れてごめんなさいと言おう」と付け加えます。

何かのせいや誰かのせいにするのは簡単ですが、それでは何も変わっていきません。自己の反省をして次に生かすことが大切です。

6　話を聞くことに努めるだけで子どもは変わる

子どもの今この瞬間を逃さない

あなたは、子どもが話かけてきたとき、どう対応していますか。例えば、食事の準備をしているとき、何か仕事をしているとき、そんなとき後回しにしていませんか？
例えば、
子ども　「ねえねえ、お母さん聞いて。今日学校でね」
お母さん「なに、今お母さんは夕飯をつくっていて忙しいの、あとにして」

このような会話が普通に行われていませんか?

子どもは聞いてほしいとき、しゃべりたいときが今なのです。だから、その今を逃さないでください。

「でも、忙しいときにしゃべりかけられても」と思われるかもしれませんが、たった3分でも手を止めて、子どもの目を見て聞いてあげてください。よくありがちな「お母さんは忙しいの、見てわからない?」は絶対禁句です。「じゃあ、今は3分だけ聞くね。あとは食事の後にゆっくり聞くからね」という具合で、その瞬間を逃さないでください。

いくつになっても話は聞いてほしいもの

私が、30代半ばで最後に受け持ったクラスでは、朝のホームルームが終わると教壇に7~8人が集まってきて、私に話したいことを一斉に話し始めました。そんなとき「はい、ストップ。私は聖徳太子ではないから順番にしゃべろうか」と言い、1番、2番、3番と順番を決めて、その順番でしゃべってもらいました。その間は、みんな人の話を聞きながら順番を待つこととしました。

こちらも朝はとても忙しいのですが、できるだけ1人ずつの話を聞くよう心がけ、その時間で聞くことができないときは、お昼に話を聞くようにしていました。欠席の生徒がいれば、欠席の連絡が入っていても電話をかけ、どんな様子なのか保護者または本人に聞いていました。欠席の連絡メモでは、わからないことが多いので直接電話で声を聞いていました。

どんなに急いでいても大人の都合ばかりで判断しないで、ほんの数分でいいから向き合ってあげてほしいと思います。話を聞いてもらえているという満足感と安心感が生まれてきます。

このときの対象者は高校生でした。高校生でも先生に話をしにくるのかと思われるかもしれませんが、高校生も大学生も大人も、そして、子どもも誰もが話を聞いてもらいたいのです。

私のところには、よく相談で訪れる人、電話で相談をしてくる人がたくさんいます。しかし、特に大人は、相談と言ってもすでに心の中に自分の答えを持っているケースがほとんどです。

それなら相談しなくてもいいのに、ということではなく、とにかく話を聞いてもらいたいのです。さんざん気が済むまでしゃべれば、自分自身が話していく中で、気づきが生まれます。「やっぱりそうか」「それでよかったんだ」「これは自分が悪かった」と、だんだん自分自身で納得して、もやもやしていた悩み事が、霧が晴れるかのようにすっきりして、笑顔で帰っていきます。

こちらは、その間、1時間だろうが2時間だろうが、うなずいたり、おうむ返しをしたりして、話を聞くことに努めます。慣れていない人には、「ひたすら聞く」という行為は結構きついかもしれませんが、相手自身の気づきのためにも自分自身の学びのためにもおすすめします。

家族のコミュニケーション

話を聞く時間があるということは、家族のコミュニケーションが取れているということになります。存分に話を聞いてもらえた子どもは、精神的に安定します。

ここで気をつけることは、携帯電話を触りながらなど、子どもの目を見ないで他のことをしながら、ということです。「ながら」では、親は話を聞いているつもりでも、子どもからしたら聞いてもらっているようには感じないので、不完全燃焼となります。

まずは、子どもだけに集中して、子どもの目を見て、笑顔でうなずきながら聞いてあげることです。さらに、同じ言葉をおうむ返しのように発すればほぼ完璧です。

コミュニケーションの時間を取ることで、自室にこもる時間が減り、リビングに滞在する時間が増え、勉強もリビングで親の目が届くところでやるようになることもあります。そうなると、ちょっとした子どもの変化にも気づくことができます。

最近、東大合格者の何割かがリビングで勉強していたという話題を目にします。その真意はさておき、リビングでは、必ず誰かの目があるので程よい緊張感が生まれます。また、わからないところは聞くことができますし、生活音のある中なので集中力も身についてきます。リビングは学力アップにも家族のコミュニケーションの場としても有効な場所だと思います。

7　子どもを知るということ

子どもを勝手に決めつけない

よく子どもの性格について、「うちの子は落ち着きがなくて困ります」「集中力がなくて困ります」

と言うお母さんがいます。そして、それを周囲や本人に口に出して言うので、本人も「私はそうなんだ」と刷り込まれてしまいます。毎日、一緒に生活をしていると短所がクローズアップされてしまうのはわかります。

しかし、「落ち着きがない」は見方を変えると、「活動的でエネルギーがあふれている」ともとれます。また、「集中力がない」は、「興味の対象がたくさんある」ともとれます。お母さんが、マイナスをプラスに捉えてあげることで、お母さんの発する言葉が変わってきます。そうすると、お母さんが変われば、子どもも変わってきます。

親と子のギャップ

いつも「うちの子はしゃべらないし、笑わないんですよ」というお母さんがいました。ところが、あるとき、その子がみんなの前で一人漫才をして、周囲は涙を流しながら笑い転げたことがありました。その光景を見ていたお母さんは、「うそ、ビックリ、この子がこんなことするとは」と本当に驚いていました。私は、「本質は、しゃべるしユーモアに溢れた子なのに、しゃべらない、笑わない子にしたのはあなたですよ」と心の中でつぶやきました。

勉強に関しても「この子は勉強が苦手だから、あの大手の塾がこの子には合いそうだから行かせています。塾に行っているからテストの点数も上がってくると思います」とお母さんは自信満々でした。

しかし、私は、塾に行けば必ず成績が上がるとは思っていません。「うちの子は塾に行っているから大丈夫」という親の勝手な決めつけにすぎず、本当にその塾がその子に合っているのかが重要となります。

そのときの本人と私のやり取りです。

私　「塾はスクール形式、それとも数人の個別指導？」
本人「20人ぐらいのスクール形式です」
私　「わからないところは質問している？」
本人「していません」
私　「じゃあ、わからなくても時間が来るまで座っているだけ？」
本人「はい、だから行きたくありません」
私　「君には2〜3人の個別で、いろいろ質問できるところがいいね」
本人「はい、私もそう思います」

この会話をお母さんに伝え、本人の希望する個別指導の塾に変わってもらいました。それから彼女の塾のストレスは解消され、成績も上がっていきました。

よく、この子はこういう子だと決めつけられる場合がありますが、決めつけずにあらゆる角度から見てあげること、客観的に見ることが大切です。

子どもは聞いている

子どもが何を聞いているかというと、大人の会話です。何気なく大人同士、夫婦で会話していることを子どもは聞いています。子どもは、わからないから大丈夫と油断してはいけません。

よくあるのは、子どもの友達の親や近所付き合いのある人のうわさ話や悪口です。子どもの知っている人なので、うわさ話や悪口を言われている人のことを親と同じように見るようになります。

また、それだけではなく、幼い子はそれをしゃべってよいのかの判断がつかないので、幼稚園や小学校で、「○○ちゃんの家はこうなんだって」とか「隣の△△さんは、こんなことしたんだって」と、おまけに「と、お母さんが言っていたよ」と付け加えます。こういうときは聞いているこちら側がドキッとします。

あとで、気まずくなるのは大人なので、子どもに「内緒にしておきなさい」、「しゃべったら駄目よ」と言うのではなく、子どもがいないところで大人の会話をするように心がける家族のマナーも大切です。

他人のことばかりではなく、子どもの夢に関しても「うちはお金がないから困る」とか「○○高校へ進学したいらしいけど無理」も本人の聞こえるところでは言わず、保護者で話し合って、やはり経済的な理由であるとか、何らかの理由で無理と判断したときには、きちんと本人と向き合って納得がいくように話し合うべきです。

8　プレゴールデンエイジの時期が重要

スキャモンの発育・発達曲線

スキャモンの発育・発達曲線から神経系統は生まれてから5歳までに80％成長し12歳でほぼ100％になると考えられています。この時期は、神経系の発達が著しく、様々な神経回路が形成されていく大切な過程となります。

この時期に神経回路へ刺激を与え、その回路を張り巡らせるために多種多様な動きを経験させることは、とても重要なことです。

プレゴールデンエイジの時期

神経系の発達が著しい3歳から8歳頃をプレ・ゴールデンエイジといい、脳をはじめとした神経回路の発達が急ピッチで進む大切な時期です。運動能力の基礎は、この年代に形成されます。

一生に一度しかないこの時期の過ごし方で、のちの運動能力に多大な影響を与えることになります。早い時期から1つのスポーツだけを行うのではなく、遊びの中で跳んだり跳ねたり、ボールを投げたり蹴ったり、かけっこをしたり、いろいろな動きを体験することで、自分の身体を巧みに動かすことのできるコーディネーション能力が高まります。好きな遊びや動きをたくさんさせてあげることです。

【図表１　スキャモンの発育曲線】

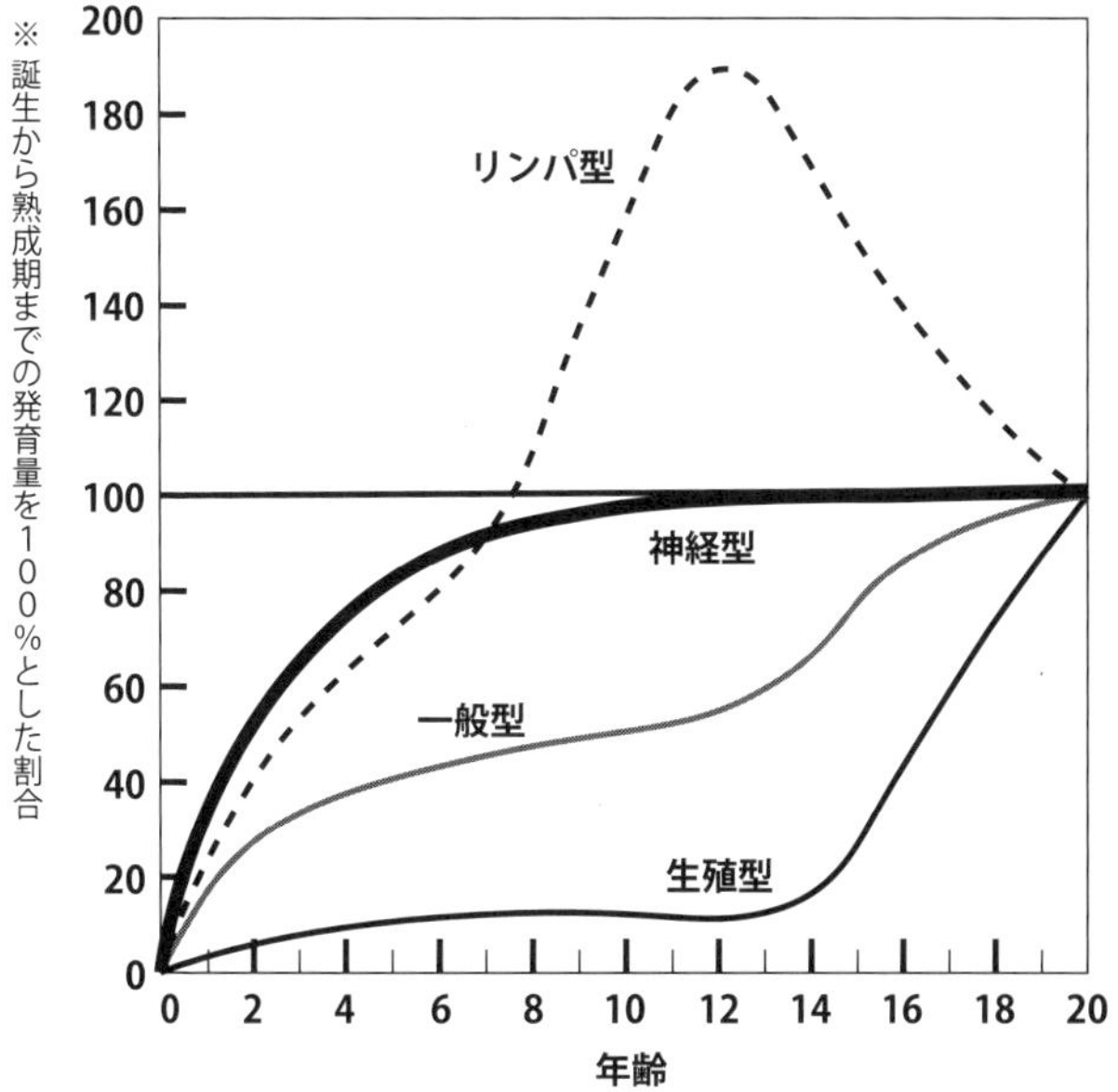

※誕生から熟成期までの発育量を１００％とした割合

ゴールデンエイジの時期

９歳から12歳の時期は、神経系の発達がほぼ完成に近づき、形成的にもやや安定した時期です。

動きの巧みさを身につけるのにもっとも適しています。

この年代が新しい運動に取り組むと、「即座の習得」ができると言われています。

「即座の習得」とは、見よう見まねで、すぐできてしまうことを言います。

大人になると、「右手はどうするか」「足の角度は」「タイミングは」と動く前に動作を頭で考えてから動かそうとしますが、子どもは見て直感で動きながら動作を習得します。そして、この時期に習得した動きは忘れません。

9　子どもの可能性は無限大

子どもは奇跡を起こす

私は、高校教員や学園の中間管理職時代に、ソフトボール部を9年、テニス部創部から13年、短期大学の新体操部創部から6年、部活動を指導してきました。

私が大学卒業後、赴任したときのソフトボール部は初心者が多く、ピッチャーも高校から始めるという私にとってはとても衝撃的な状況でした。しかし、基本練習を地道に行っていくと、あるとき「あれ、こんなに打てるようになった？」とか「こんなに速いボールが投げられるようになった？」と驚くことがありました。

高校のたった2年半で、実業団や大学から声をかけてもらえる選手になることも多々ありました。チームとしても県大会で準優勝、ベスト4入賞という結果で、さすがに優勝には及びませんでしたが、内情を知っている者にとっては奇跡のような出来事でした。

テニスにおいても初めてテニスラケットを持つ生徒ばかりでしたが、高校総体予選では、シングルス5名、ダブルス3ペアしか県大会に出場枠がない中、シングルス5名、ダブルス2ペアが県大会に出場したり、団体戦では地区優勝、県大会では常にベスト8をキープしたり、テニス協会の試合では、小学生からテニスをやっている選手にシングルスもダブルスも勝ったりと、こちらが驚く結果を出すことが多かったのです。

なにしろテニスは、県大会の団体戦ベスト４以上は、ラケット年数が長く、テニススクールで幼い頃から練習していて、特待生として入学している選手ばかりなので、この壁はなかなか越えることはできませんでしたが、予想以上の結果を出す子どもたちに、いつも感動していました。

保護者もびっくり

中学時代に、文化部で運動には縁がなかった生徒が、テニスで県大会出場を決めることがありました。

私　「県大会出場を決めたとお母さんに言った？」

生徒「はい、言いましたが、嘘、まさかと驚いていました」

と保護者もびっくりすることもしばしばありました。

ゴールデンエイジの時期までに、運動能力が決定づけられると言いますが、２年半で日本一を目指すわけではないので、種目や目指す目標によっては、不可能ではないと思います。

プチ成功体験を重ねる

スポーツとは無縁だった子が大会で結果を出すことができた。これは子どもにとって、とても意味のあることです。全く練習もしないで結果を出したのではなく、日々、努力をしてきたことが実を結んだのです。

テニスでは、大会前に期限を決めて、ボレーボレー（近い距離でのボレー）、ロブ（山なりの打球）をペアでどれだけ続けることができるか、テニスボール3つでジャグリングが何回できるか、様々なことに目標回数を設定して達成感を味わうことをしてきました。

最初は、「無理」と思うような設定をしますが、何度も練習を重ねるたびに、「もしかしたらできるかも」になり、途中、集中力を欠いたり、感情の浮き沈みがあったりする中で、最終的には、「できた」という瞬間が訪れます。ちなみに、ラケット年数の短い生徒でもミスをしないで、2時間程度は続けることがあります。その瞬間まで、指導者はとにかく見守るしかありません。

これは、テニスの事例ですが、ソフトボールの例を挙げると、塁間でのボール回しや様々なドリルにおいて、回数や目標タイムを決めてチャレンジします。目標設定は、簡単に達成できるレベルには設定しません。そうかと言って、あまりにかけ離れた目標では、やる気を喪失します。

そうすることで、自分達で声を出して盛り上げて、どこに投げるとよいか、どんな身のこなしをすれば無駄がなくなるのかなど、お互いがアドバイスを出しながらチャレンジします。達成できたときは、みんなでハイタッチをして喜びを表現します。

プチ成功体験を重ねるたびに、「私には無理」から「自分にはできる」という気持ちのほうが大きくなっていきます。このようなプチ体験は子どもたちの心の財産になります。試合中、ピンチが訪れたとき、ここで決めれば勝利するとき、「できた」という事実が必ず心の支えになります。

学習の成績も好結果

15・16歳の年代をインディペンデントエイジと区分します。いわゆる自立した年齢です。高校生でソフトボールアカデミーに在籍していた生徒がいました。本人は、「母が勉強しなさいと口うるさく言います」「食事を終えて少しテレビを観ているだけでも勉強しなさいと言います」と困っていました。お母さんの言い分は、「学年順位も下から数えたほうが早いから困っています」とのことでした。次は、本人と私のやり取りになります。

私「勉強しないわけではないよね」

本人「はい、ほんの少しでもゆっくりしただけで勉強しなさいと言ってきます。言わないときは、私をじっと睨んでいるので、視線を感じて居心地が悪いです」

私「わかった。もし今後お母さんが勉強しなさいと言ったら私に連絡をしてね」

そして、お母さんには、「本人は勉強すると言っているので、今後一切、勉強しなさいと言わないように心がけてください。本人を信じて見守りましょう」と約束しました。

彼女の場合は、小学生の時に名門私立中学校合格を目指し、受験戦争を勝ち抜いてきた経験があるので、勉強が苦手なわけではありません。だから、いちいち親が「勉強しなさい」と言わなくても勉強はできます。ある意味、「今、やろうと思ったのに」と反発しているだけで、本人自身は、そろそろ真剣に勉強をしないと、この成績ではまずいと感じていたのです。

そして、お母さんが、一切言わなくなったら学年順位が一気に１００番上がりました。本人もお母さんも大喜びでした。自立した年齢のインディペンデントエイジの時期なので、本人が考えて行動を起こしますから、子どもを信じて見守ることだと思います。

学習の基礎ができていない子どもに対しては対応が変わります。保護者が「勉強しなさい」と言うだけでは、結果にはつながりませんので、手遅れにならないように、何年生の段階で内容が理解できなくなったのかを探り、保護者がついて見てあげるか、本人に合う塾または家庭教師を探して、学ぶ環境と導いてくれる人を準備するだけで、勉強しなさいと言わなくても子どもは変わっていきます。

出会う人で可能性は広がる

私は中間管理職時代に、若手の教師には常々「子どもは出会った大人によって、よくも悪くも人生が変わる。あなたはどちらがよいですか？」「他人の人生に影響を与える仕事だからやりがいのある仕事でもあり、責任重大な仕事でもあるからその覚悟はありますか？」と言ってきました。

なぜ、このようなことを言い続けたかというと、私の実体験になりますが、中学1年生の秋のことです。数学の先生がとても怖く、正解を答えても叱られるくらい理不尽なことがあり、数学が大嫌いになりました。学校も3日ほど「発熱」とか「腹痛」とか親に理由をつけて欠席しました。

さすがに3日目には父が私の異変に気づき、父と話し合いをして、次の日から学校へ行くようになりました。それから父がこのままではまずいと思ったようで、職場の同僚の息子さんに家庭教師を依頼しました。

しかし、私が家庭教師をつけてほしいと言ったわけでもないので、全く勉強をする意欲もなく、面白い話や野球やソフトボールの話題には目を輝かせて、勉強となるとトーンダウンしていました。

私は、この先生はきっと嫌になって辞めるだろうと思っていたところが、私の負けず嫌いな性格に火をつけ、「この単語を10分でどちらが覚えられるか競争しよう」と持ち掛けてきたことがありました。そんなことは考えなくても、相手は国立の教育大学の1年生で、受験勉強もガツガツやってきた人なので、勝てるはずがありません。でも、私は「競争」という言葉に即座に反応してしまい、暗記競争に乗りました。

一度たりとも、「早く勉強を始めよう」「勉強をしよう」とは言わず、私が居眠りをすれば、起こさずに起きるまでずっと腕組みをして待ち、見事に私の性格を読んで、上手に勉強をやる気にさせてくれました。

おかげで、大嫌いで50点くらいしか取れなかった数学も高得点を取るようになり、逆に数学が大好きになりました。高校に進学しても常に上位の成績を取ることができました。

数学が好きだから何度も何度も問題を解く、それが結果に表れるからまた勉強をするという見事なスパイラルアップに変わっていきました。中３くらいになったときには、数学の問題を見ただけで、「こんな解答だ」と浮かんだので、今思えば、イメージトレーニングと通ずるところがあるのかもしれないと思いました。

高校時代も周囲から数学ができるから教えてほしいと言われましたが、「解き方は教えられない。答えが浮かぶから」と私は言っていました。

出会った大人で、こんなに変わることができるということを体験しました。もちろん数学だけではなく、他の教科、ソフトボールのバッティング、進路選択と多くの面で私のプラスとなりました。

家庭教師を引き受けてくださった川口惣吉先生との出会いがなければ、今の私はありません。

子どもの頃に出会う大人の存在は、親、先生、塾講師、スポーツ少年団の指導者など、子どもの人生を左右することがあります。子どもの潜在能力を伸ばしてくれる人と出会いたいものです。

また、出会う大人だけではなく、スポーツ仲間や塾仲間の中に競い合える友達との出会いがあるとさらにやる気を増します。

環境も人を育てる

環境ももちろん重要です。テニス部時代のときのことです。全くの初心者からグングン成長していった生徒がいました。性格はおっとりしていて、マイペースでしたが、時間があればボールを打ちたい、とにかくテニス大好き少女でした。ある意味逸材でしたので、専門家にも指導してもらうべきと考え、私はテニススクールを3つかけ持ちして、自ら学び、彼女に合うコーチを探しました。

そして、高校3年生の高校総体県予選のシングルスでベスト16に入り、ベスト8を賭けて、優勝候補と戦いましたが、前半戦は互角でしたが、最終的には負けました。相手は幼稚園からテニス経験があり、全国高校総体優勝候補の有名選手でした。その選手はラケット年数２年半の選手に何ゲームも取られたので、試合が終わってから悔し泣きをしていました。

ラケット年数２年半のおっとりちゃんが、大学でもテニスを続けたいということになり、何しろおっとりしていて、とても上下関係の厳しい大学は向かないと判断して、テニス関係者からテニス部のある大学の情報を得ました。

その当時、東海地区で強いけれど、上下関係はそんなに厳しくない大学がありました。早速知り合いの紹介で、彼女のプレーを監督に見てもらうために大学へ出向きました。その結果、スポーツ特待で受験できることになり、大学入学後は、東海地区から全国大学選手権にダブルスで出場することができました。

途中で、挫折することもなく、大好きなテニスを存分に楽しみ、大会結果にもつながり、今は二児のお母さんとして、保育士として人生を歩んでいます。そして、彼女は会うたびに「人との出会いと自分に合った環境だったからこそ挫折しないでやり遂げることができました」と言います。

その環境が本人に適しているときは、多少の人間関係や技術的なことでの悩みが起きたとしても時間が解決していきますし、環境に慣れることも大切なことです。しかし、それでも何ともならないときは、環境を変えてあげることも大切なことです。環境が合わないと、体調や逃避行動に表れるので、環境を変える勇気も必要となります。

私も幼稚園のときに、習い事の1つにバイオリンがありました。バイオリンの練習日になると熱が出たり、前日から体調が悪くなったりしたので、それに親が気づき、「この子にはバイオリンは合わない」と判断して、辞めさせてくれたことがありました。幼稚園のときのことでも、こういう経験は今でも覚えています。

人間の身体は正直なので、身体に表れます。周囲の大人が、そこを見逃さないことだと思います。

10　子どもの夢実現サポーター

過干渉は子どもをダメにする

過干渉とは、字のとおり「ある対象に対して、必要以上に干渉する」ということです。過保護とは違い、親子関係での過干渉は、子どものやりたいことをやらせない、逆に子どもがやりたくないと嫌がっていることをやらせるなど、子どもの行動や欲求を束縛するということです。

過干渉は一種の虐待とも言われています。親の望むことを無理やりさせて、うまくいけば褒める、嫌なことでも褒められるのなら、それでいいやと子どもも思い、自主性や自立心の育たない子どもになります。

ある事例ですが、小学生の子どもの将来の職種もその資格取得できる大学もすべてお母さんが決めていて、結局お母さんの望む通りの大学に合格しましたが、本人は将来本当にその職種に就きたいか疑問だと話してくれました。私は、「せっかく苦労して入学できた大学なので、多くを学び卒業してからその先の進路を考えればいいよ」とアドバイスをしました。

本来、自分がやりたいと思うことより周囲の目や評価を気にして、自分の行動を抑制してしまわないように、親子でも距離感を保ちながら、愛情をもって見守ってほしいものです。

子どもの夢実現に向けて

子どもには子どもの人生があります。自主性や自立心を重んじて、まずは子どもがどんなことを考えているのか、何をしたいのかを聞いてあげることです。そこで、頭ごなしに否定しないことです。否定されると話す意欲がなくなりますし、「どうせ話は聞いてくれないだろう」となります。まずは、子どもの信頼を得て、何でも話せる環境をつくり、自分の子どもではなく、１人の人として話を聞くことに努めてあげることです。

そして、子どもがやりたいと思ったことをやらせてみると、伸び伸びチャレンジしていくことでしょう。子どもをコントロールしようとはせず、困ったときには話を聞いてあげて、自分で解決できるようサポートしていきましょう。

褒めて伸ばす

子どもの練習や練習試合を観戦する保護者で、私が「今日はショートの深いゴロを上手に捕りましたね。帰りに褒めてあげてくださいね」と言うと、「ダメです。守備はまあまあだったかもしれませんが、大事なところで打てなかったから」というお母さん。また、ピッチャーでスピードは上がってきたけれど、制球力が少し悪かった選手のお母さんに、私が「スピードは上がってきましたね。あとはコントロールですね」と言うと、「なんでフォアボールなんか出すんでしょうか、ストライクを入れればいいのに」と返してきたお母さん。

そのたびに、「本人たちは一生懸命やっているのだから、よいところを見て褒めてあげましょう。じゃあ、お母さん、打ってごらん、ピッチャーやってごらんと言われてもできませんよね」と私は言います。付け加えて、「プレーには口を出さず、今日も怪我なく元気にプレーしていると思うようにしてください」とも言います。

それから、もっと困るのは、車中での反省会です。帰りの車の中で、「あの場面はもっとこうしなきゃいけない」とか「あのカウントで打ってはいけない」とか、本人たちが一番反省しているのだから火に油を注ぐようなことは辞めるべきです。

どんな些細な点でも褒めることです。例えば、「今日は大きな声が出ていたね」とか、「何回も気づいてファウルボールを拾いに行ってたね」でも構いませんので、褒める点を探しましょう。

当アカデミーには、お母さんが日本リーグで活躍していたり、元日本代表であったり、本格的にプレーしていた人やお父さんが野球やソフトボール経験者の人も多くいますが、最初に必ずお話することは、「預けた以上は、黙って見守ってください」ということです。

スポーツの世界もかなり変わってきました。昔は、「叱る」、「短所を指摘する」という指導が行われてきましたが、今の時代は、「褒める」、「長所を伸ばす」ことに重きを置いて、指導するようになってきました。もちろん叱ることも時として必要ですが、叱ってばかりではだめと言うことです。

また、長所を伸ばすという長所伸展法は、とにかく自分の長所、自分の得意とすることをさらに伸ばしていく方法です。そうすると長所がクローズアップされて、短所の影が薄くなります。

逆に、短所ばかり指摘して、そこを直そうとすることで、短所がクローズアップされて、短所ばかりに意識がいき、長所が見えなくなります。これは、イップスになる恐れもあります。イップスは、スポーツに限ったことではありません。

長所を伸ばすことで短所をカバーして、短所も長所になるように持っていきます。誰でも褒められて困る人はいません、気分が悪い人もいません。気分よく伸びていったほうが心も安定します。

無償の愛

「無償の愛」とは、見返りを求めない愛のことです。私が教員のとき、いつも生徒に、「先生はこれだけあなたにしてあげたじゃないか」と言う教員がいました。私にしてみれば、その言葉を聞くたびに、恩着せがましいとか、自分がやってあげたくてやったのではないのかとよく思いました。

これは親子関係にも言えることで、「いつもお弁当をつくってあげているのに」「いつもやってあげているのに」という保護者もいます。それで、してあげているから何を求めているのでしょうか？もし、子どもからの「ありがとう」という言葉であれば、「人に何かをしてもらったらありがとうと言おうね」と親に限らず、誰に対してもお礼を伝えるということは、人として大事なことなので教える必要があると思います。

しかし、それ以外に何を求めるのでしょうか？　お弁当にしても自分が子どもにしてあげたいからするのであって、見返りのためにすることではありません。

「これだけ毎日いろいろしてあげているのだから、今度のテストはよい点を取ってもらわないとね」というお母さんがいます。「これだけしてあげている」と「テストの結果」は別問題です。お母さんは、無償の愛で、子どもにしてあげればいいのです。子どもも無償の愛であれば、「よい点を取ってお母さんを喜ばそう」となります。

スポーツの世界でも同じです。ある指導者が「これだけみんなのために時間を費やして教えてあげたのだから勝ってもらわないと困る」と言ったのを聞いたことがあります。その言葉を聞いたとき、「自分が教えたくて時間を費やしたのではないの？」と私は思いました。

そんなことは言わなくても、とにかく選手と向き合って指導者が情熱を傾ければ、選手たちは自ずと「勝って監督を胴上げしよう」と思うものです。

無償の愛で子どもを支え、自立心を育み、子ども自ら設定した夢を実現できるよう周囲の大人で応援してまいりましょう。

第2章　夢実現に向けて（子ども編）

1　自分とのミーティング

自分自身と対話をしよう j

あなたは1日の中で、自分の時間はどれくらいありますか？　最近は、小学生も放課後は塾などで過密スケジュールとなっていて、慌ただしく1日が過ぎていくことが多いようです。

これからは、24時間の中のほんの5分～10分でも構わないので、自分の時間をとってみませんか？例えば、就寝前のほんの数分でも構いません。

ここで一番大事なのは、自分自身と向き合うための時間をつくることです。

その時間で、何をするかというと、もう1人の自分と話をします。もう1人の自分は、自分を客観的に見ます。

（1）1日を振り返り、今日やるべきことはできたのかを確認できます。

（2）将来に向けて、今は何をすべきか整理ができます。

（3）やるべきことは何か、優先順位が決まってきます。

自分との対話の中で、客観的に自分を見るようにすることで、もやもやしていたことや頭の中でごちゃごちゃになっていたことが整理できるようになります。また、就寝前に行うことで、その日に起きたネガティブな出来事を翌日に引きずることがなくなっていきます。

悩みは早く解決しましょう

「私は友達からの相談には、客観的に判断して、アドバイスができますが、自分の悩みとなると、いつまでもくよくよ悩んでしまい、解決できなかったり、解決まで時間がかかったりします。でも、人には相談したくないので、どうしたらよいですか？」という相談を受けたことがあります。

自分で自分の悩みを解決したいときの方法としては、私は２つの方法をおすすめしています。

①ノートまたは用紙を活用する

自分の悩みを書き出します。ここでは、書くことが重要となります。頭の中でもやもやしていたり、ごちゃごちゃになっていたりすることを文字にして書き出して整理します。

ここでは、相談する自分とアドバイスをする自分が存在します。

例

相談する自分　　　：「今の塾を辞めたいんだけど、どうしたらいいかな？」
アドバイスする自分：「なんで塾をやめたいの？」
相談する自分　　　：「今の塾は自分に合わないと思う」
アドバイスする自分：「どんな点が合わないの？」
相談する自分　　　：「３人で一組の個別指導だけど、先生があまり回ってこないから」
アドバイスする自分：「他の２人のところには回っているの？」
相談する自分　　　：「そう、その２人にはよく教えている」

アドバイスする自分：「なぜ、その2人にはよく教えているの？」
相談する自分：「わからないところがあれば、手を挙げて先生を呼んでいるから」
アドバイスする自分：「あなたは手を挙げて先生を呼ばないの？」
相談する自分：「手を挙げて呼ぶ勇気がなくて、時間が過ぎてしまうの」
アドバイスする自分：「手を挙げて先生を呼べないなら、どうしたらいい？」
相談する自分：「マンツーマン指導のほうがやりやすいと思う」
アドバイスする自分：「なるほど、そういうことを親や塾に相談するといいね」
相談する自分：「まずは親に相談してみて、塾に話してもらう」
アドバイスする自分：「そうだね。そうすれば塾を辞める必要はなくなるね」

このような会話を紙面に書いてやり取りをします。紙面に書くことで頭の中も整理がつきますし、客観的な自分がいるので、感情的にはならずに、問題解決をしていくことができます。

②2つの椅子を使う

椅子がなくても2人が座れる場所を設定します。この方法を「エンプティチェア（空の椅子）」といいます。前述の方法は、紙面上の会話です。こちらは、自分ともう1人の自分と会話をします。

まず、悩み事を紙に書きます。

そして、どちらに相談する自分が座るのかを決めます。それではスタートします。「アドバイスする自分」の席に、悩み事を書いた紙を置きます。「相談する自分」が「アドバイスをする自分」

に向かって相談を始めます。

次に、「アドバイスする自分」の席に移動をして、「相談する自分の席」に向かって、相談に答えます。リアルな一人芝居のようなものですが、「アドバイスする自分」は他人の相談を聞いているようになり、客観的に捉えて解決方法を見つけるようになります。

どちらのやり方も問題解決能力を養うには、よい方法だと思います。私は、いつも問題点があれば、ノートに書き出して、それに対して、一人問答を繰り返しながら、どう対処したらよいかを書き出しています。

また、エンプティチェアも活用しています。ソファに座り、「相談する自分」と「アドバイスする自分」で言葉に出してやり取りをしています。時には、歴史上の人物や著名人を想定して、数人で会議をすることもあります。どちらも「アドバイスする自分」は、主観的にならずあくまでも他人の相談に乗っている人になりきることが重要です。

では、ノートを開いてさっそく試してみましょう。

２　自分自身を知ろう

自分の中の快・不快を知ろう

ここでは、Ａ４またはＢ５サイズのノートと同サイズの用紙を準備します。はじめに、用紙に自分が不快だと思っていること、嫌いなことなど、マイナスなことを大きな字ではっきりと書けるだけ書き出します。もうこれ以上書くことがないと判断したら、その紙をビリビリに破ります。そうすることで、不快な感情をすべて吐き出します。

次に、ノートに自分が嬉しいこと、ワクワクすることを書き出します。そのときはワクワクしながら喜んでいる自分になりきって笑顔で快いことを書きます。

さて、不快と快、どちらが多かったですか？　もし、不快なことが多くてもビリビリに紙を破ることで、その不快から「さようなら」します。

自分の長所・短所を知ろう

ここでは、ノートに自分の長所と短所を箇条書きで書き出します。はじめに、短所を書き出します。そして、隣のページに長所を書き出します。この作業が終わったら、それぞれの書き出した数を比較してみます。

さて、長所と短所の数はそれぞれいくつありましたか？　この「長所短所の書き出し」をしてもらうと、短所が圧倒的に多い人がいます。どうしても日本の教育は、短所を指摘して直そうとする傾向にありました。また、家庭でもどちらかというと、できないところ、短所を指摘する傾向にあると考えます。常にそういう状況下にあると、ネガティブなことを先に考えてしまうようになります。

あるとき中学生を対象に、「長所短所の書き出し」をしてもらったら、短所が25個、長所が５個という生徒もいました。短所が25個も挙げられるというのは、逆に凄いと思いました。その中学生は、とても神経質で完璧主義なので、自分に対していろいろなことが許せないので、それがすべて短所として表現されたようです。

短期大学の入試責任者として、ＡＯ（アドミッションズ・オフィス）入試の面接を担当したときも、長所より短所を多く答えた高校生が圧倒的に多かったことを覚えています。また、教員時代も面接の練習時に、長所と短所を聞くと、まず初めに短所を言う生徒が多く、その比率は短所が多いため、長所から話すこと、短所も長所に変えることをアドバイスしていました。

例えば、

・落ち着きがない　→　活動的
・集中力がない　→　好奇心旺盛
・自分に甘い　→　適応力が高い
・わがまま　→　主体性がある
・短気　→　裏表がない

という具合に、ネガティブをポジティブに変える意識をすることで、今まで短所と思っていたことが、長所に変わっていきます。

さて、もう一度、書き出した自分の短所を見て、短所を長所に書き換えてみましょう。

他者から見た自分を知ろう

今、行ったのは、簡単な「自己分析」です。自分で自分の性格を知るということです。次に、「他己分析」をしてみましょう。今度は、客観的に自分がどんな性格か、第三者に見てもらいます。

そうすることで、自分から見た自分と他者から見た自分の違いを知ることができます。自分が思っている長所と他者から見た長所が同じところと、自分が思ってもみなかった全く違うところが発見できるかもしれません。

自分も他者も認めた共通した長所は、さらにあなたの強みになります。

他己分析のやり方

これは、第三者の協力が必要となります。例えば、家族、友人、クラスメート、部活動の先輩後輩など、あなたを知っている人と行います。

人数が多いときは、全員に付箋または小さいメモ用紙を渡します。そこに相手の名前と長所を書きます。長所は何個でも書けるだけ書きます。そして自分の名前を書いて、本人に渡します。

人数が少ないときは、お互いが向かい合って、相手の長所を伝えます。1人が伝えたら、今度は交代して、相手の長所を伝えます。手法としては、前述したように、短所とも捉えられるところは、長所に変換して伝えるようにします。それもできるだけ多く長所を伝えます。

ここでは、ネガティブではなく、ポジティブな思考へ意識を向けていきたいので、あえて長所だ

【図表２　ジョハリの窓】

	自分は知っている	自分は気づいていない
他人は知っている	「開放の窓」 自分も他人も知っている自己	「盲点の窓」 自分は気づいていないが、他人は知っている自己
他人は気づいていない	「秘密の窓」 自分は知っているが、他人は気づいていない自己	「未知の窓」 誰からもまだ知られていない自己

け探して、相手に伝えることをします。

子どもの頃から短所を指摘されることに慣れていると、今度は、他人の長所を褒めることより、短所を指摘するようになります。さらに、家庭という単位から学校や職場、地域という集団になっていくと、メディアも含めて、噂話や他人のネガティブな発言に振り回されるようになります。日頃からネガティブな情報のシャワーを浴びているようなものです。

思考がネガティブにならないためにも周囲の人から長所だけを伝えてもらうほうが、本人も嬉しい気持ちになり、やる気も湧いてきます。

参考資料　ジョハリの窓

１９５５年に、心理学者のジョセフ・ルフト氏とハリントン・インガム氏によって考案された「対人関係における気づきのグラフモデル」

で、2人の名前を取って、「ジョハリの窓」となった、自己分析に使用する心理学モデルの1つです。

これは、自分が見た自己と、他者から見た自己を表すものです。自分自身を理解することや対人関係に利用されています。

3 どんな夢を実現したいですか

夢を書き出してみよう

あなたにはどんな夢がありますか?

今からノートに実現したい夢を書いてみましょう。それが、大きな夢でも小さな夢でも構いません。すぐ実現できる夢でも時間のかかる夢でも構いません。とにかく書き出してみましょう。

ノートの新しいページを開いて、左側のページの先頭行には、「大きな夢」、右側のページの先頭行には「小さな夢」と書いて、それから夢を書き出します。

例えば大きな夢であれば、

・世界一周をしたい
・全国大会で優勝したい
・日本代表に選ばれたい
・将来、海外に住みたい

小さな夢であれば、

・大好きなお店のオムライスを食べに行きたい
・来月公開の映画を観に行きたい
・好きなブランドの洋服がほしい
・２泊３日の旅行がしたい

ここでは、文末は、「〜したい」「〜する」「〜ほしい」という表現で構いません。よく文末を完了形にしたほうが、夢が実現するといいますが、今の段階ではそれは気にする必要はありません。

この夢の書き出しを行うときは、どんな小さなことでもすぐ実現することでも構いません。夢だからまだ実現していない未来なのですから、思いつくだけ書き出してみましょう。

ワクワク度と優先順位

さて、夢をたくさん書くことができましたか？　では、その書き出した夢を１つずつチェックしていきましょう。何をチェックしていくかというと、ワクワク度と優先順位です。

まず、左ページに書き出した「大きな夢」を見て、心のワクワク度を記入します。

ワクワク度

・心がものすごくワクワクして想像しただけでテンションが上がる　……　☆☆☆
・心がワクワクして自然と笑顔になる　……　☆☆

【図表3　ノートの使い方　ワクワク度・優先順位】

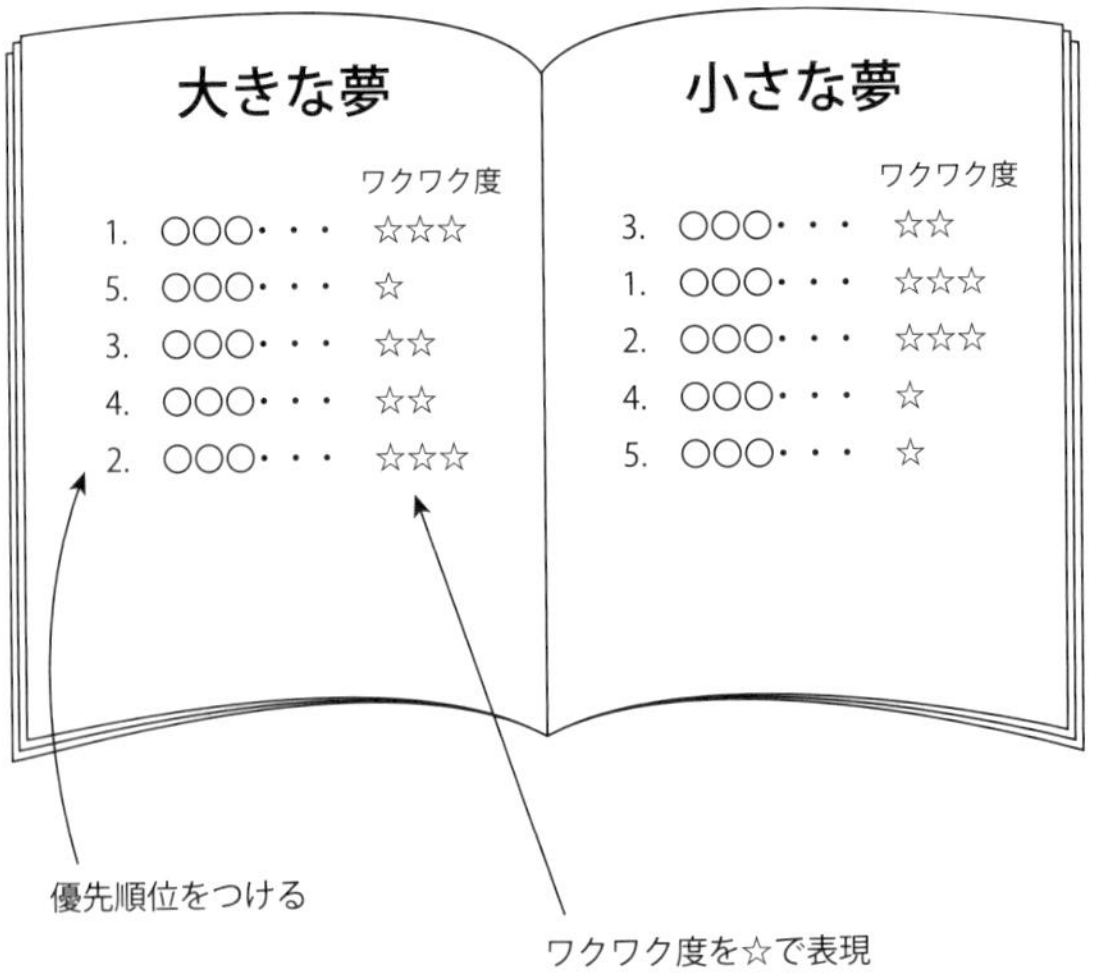

・心がワクワクする……☆

ワクワク度を記入したら、次は実現したい順位を1位、2位、3位とすべてに記入します。同じように、右ページの「小さい夢」にも同様にワクワク度、優先順位を記入していきます。

さあ、完成しましたか？　完成したらもう一度見てみましょう。

このように文字で書き出して、ワクワク度や優先順位を入れることで、漠然としていた夢が明確になり、さらに、どんな夢が実現すると一番自分の心がワクワクするのかがわかってきます。

夢を想像したときに、心がワクワクして、自然と笑みがこぼれてきましたか？　幸せな気分を感じることができましたか？　幸せと感じているときには、幸せホルモンの「オキシトシン」という脳内の神経伝達物質が分泌されます。オキシトシンが分泌されると、脳や心が癒されてストレスが軽減すると言われています。

常に自分が実現したい夢をよりリアルにイメージして、心がワクワクして、幸せな気分になれば、ストレスからも解放されます。ということは、とても気分が落ち込んでネガティブになっているときは、夢を心で描いてワクワク幸せ気分にしていけば、ポジティブな気持ちになり、ネガティブを消去できるということです。

いつもそんな幸せな気分に自分で誘導していきましょう。そうすれば、毎日が笑顔になり、ワクワク幸せ気分で過ごすことができます。

第３章では、ここで挙げた夢をさらに絞り込んでいきます。

4　ドリームキラー

誰のために夢を実現するのですか

この瞬間にあなたの夢が実現したとします。そのとき誰が一番喜びますか？　もちろんあなたですよね。誰かのために夢を実現するのではなく、自分のために夢を実現するのです。それが、ひいてはあなたの親、家族、友達も喜んでくれるのです。

その夢も周囲に祝福される夢であることが大事です。自分さえ幸せになればよいという自分勝手な夢では、誰も応援してはくれません。また、社会のルールに反していたり、誰かが傷ついたりするような夢であってはいけません。

「お母さんのために絶対夢を実現します」というお子さんがいます。もちろん誰かのために何かを成し遂げるというほうが力を発揮します。モチベーションも上がります。しかし、一番は自分のために努力をするのです。そこを間違えると、自分自身がだんだん辛くなっていきます。あくまでも自分のための夢実現なので、自分が犠牲になってはいけません。

ドリームキラーとは何でしょう？

ドリームキラーとは、そのまま訳すと、「夢を殺す人」となります。もう少しわかりやすくすると、あなたの夢を邪魔する人のことを言います。

このドリームキラーは、あなたの周辺にいる親、友達、クラスメート、先輩、後輩だったりします。そして、ドリームキラーは3種類に分けることができます。

1つ目は、あなたを思うがために、親切心で心配してくれる善意のドリームキラーです。「この学校は受験しても合格しないよ」とか「無理だからやめておいたほうがいい」など、本当にあなたのことを思ってアドバイスしてくれるよい人です。この場合、あなたのことですが、自分にも変化が起こるのではないか、今までの日常と変わってしまうのではないか、という変化を不安に思うことも含まれます。

2つ目は、悪意のあるドリームキラーです。あなたの夢に対しての嫉妬心から、「それはやめたほうがいい」とか「それは無理でしょ」と、あなたを心配しているように見せかけて、実はあなたの夢を壊そうとしている悪意のある人です。

よくある例ですが、あなたがいち早く流行の何かを買ったとします。そうすると「それはあなたには似合わないわ」とか「前の物のほうがよかったね」とか、また学校で人気のある人や、成績のよい人、テレビで活躍している人を見ると、陰口や悪口を言う人、こういう人が悪意のあるドリームキラーです。

３つ目は、あなた自身がドリームキラーということもあります。誰かに対して、ドリームキラーになっていることはありませんか？　それから、自分自身に対してもドリームキラーになっていませんか？　例えば、前述の「自分とのミーティング」で、自分自身に「それは無理でしょ」とか「諦めたほうがいい」とか、まだ何もチャレンジしていない自分にダメ出しをしていませんか？

自分が実現したい夢は、自分自身が一番の応援者にならない限り実現は厳しいものです。

ドリームキラーのかわし方

日々の生活の中で、善意・悪意のドリームキラーに関して、思い当たる点はありますか？　心配するまでもなく、このようなことは日常に当たり前のようにあることです。それに対して、今まであなたはどう対処してきましたか？

誰でも夢に向かって、やる気になっているときに、善意にしても悪意にしても「それはやめておいたほうがいい」、「もっと確実で安全な道を選ぶべき」、「あなたにはできない」などと周囲から言われたらやる気を喪失しますし、「やはり私には無理」と諦めてしまうことがあります。

もし、ドリームキラーにマイナスなことを言われたとしても、反論しないで受け流すことです。反論するだけエネルギーの無駄遣いになりますので、笑顔で「そうか、そういう考えもあるね」、「アドバイスありがとう」と言って、聞き流すことです。

私の体験からですが、大きな夢を掲げることです。本当にこの夢は実現するのだろうかと自分でも思うくらい、自分の身の丈よりかなり大きな夢を掲げます。そうすると、人はその夢に向かおうとするので、気持ちも振舞い方も変わっていきます。また、ドリームキラーも大きな夢なので、「変な人」と思い、何も言わなくなります。

私はいつもそのようにしてきましたし、ほとんど実現してきました。ここで、一番重要なのは、何を言われても陰口を叩かれても夢を諦めないことです。ブレることなくひたすら努力して、自分の世界をつくり上げることです。そして、他人によって自分の感情を乱されないように、常に自分の夢をイメージして、笑顔でワクワクする状態をつくることです。

とても難しいことのように感じるかもしれませんが、日々心掛けることで、できるようになっていきます。大丈夫、あなたにもできます。

ドリームキラーが味方になる

あなたの夢を批判したり、阻止しようとしたり、最初は、あなたにとってドリームキラーだと思えた人も、あなたの考え方やあなたの夢に向かう姿勢によって、知らないうちに応援者に変わる可能性もあります。そのためにも日頃から対立する態度をとるのではなく、周囲の人とコミュニケーションをとりながら笑顔で接していきましょう。身近な人たちが一番の応援者になってくれます。

私は、教員の頃から生徒には、「自分のことを好きだと思ってくれる人、嫌いと思う人は必ずいる。すべての人に好かれることはない。だから、嫌いと思っている人にご機嫌をとる必要もないし、嫌う必要もない」と言ってきました。さらに、「あなたのひたむきに向かう姿に共感して、応援者になってくれる人が必ず現れると思う」とも言ってきました。

誰からも好かれようというのは無理があります。ただ信念を持って、真摯な態度で取り組めば、あなたの夢の実現を応援してくれる人は現れるでしょう。

5　先入観や思い込みが邪魔をする

発想力の邪魔をするもの

辞書で「先入観」を調べると、「初めに知ったことによってつくり上げられた固定的な観念や見解。それが自由な思考を妨げる場合にいう」とあります。

例えば、「これはこういうものだ」、「それは私には絶対できない」と思い込んでしまっている考え方です。この考え方では、夢を掲げても、チャレンジする前に、自らの可能性を否定してしまうことになります。先入観や思い込みに縛られてしまうと、それ以上の発展は望めなくなります。

先入観や思い込みを捨てよう

赤ちゃんには、先入観も思い込みもありませんから、何でも怖いものなしでチャレンジします。そして、成長するにつれ、日常の生活、周囲の大人や学校、メディアなどの情報によって、知識が豊富になっていきます。より多くの知識や経験を得ていくと、それが自分の生きていく上での力となります。

しかし、その反面、先入観や思い込みも生まれ、自分自身に悪影響を与える場合もあります。これからの夢実現に向かっていく場面で、ブレーキをかけることもあるので、その先入観や思い込みは捨てたほうがよいでしょう。

スプーンは曲がる?

あなたは、力では折り曲げることができないほど、堅い金属のスプーンを何も使わずに曲げることができると思いますか?

こういう質問を投げかけると、必ず「金属のスプーンは絶対に曲げることはできない」、「何か道具を使わない限り曲がるわけがない」という回答が返ってきます。

そうです。もうすでに、私たちは子どもの頃から「金属は硬い」、「スプーンは曲がるものではない」という先入観があります。生活の中で、スプーンを曲げるなんて考える必要もないですし、曲がったら使えなくなるので困りますね。

しかし、私は20年以上前から子どもたちにスプーン曲げをチャレンジしてもらっています。なぜ、それをするのかというと、先入観や思い込みを取っ払ってほしいからです。

教員時代のテニス部は、テニス初心者、運動能力も低い、中学時代に他の運動部の補欠や文化部の集まりでした。試合に勝つとか、県大会に出場するとか、県大会で活躍するなんて、全く無理と思っている自信のない生徒ばかりでした。

そこで、あるときスプーンを部員に渡して、このスプーンを曲げてみようと言いました。ところが、部員の反応は、案の定「絶対無理」、「金属は曲がるわけがない」でしたが、結果は、８割の生徒が曲げました。そして、曲げた本人たちが驚いていました。

こういう体験を通して、生徒たちは、試合をする前から「相手は強い」から「試合はやってみなければわからない」、「私は勝てない」から「最後まで諦めなければ勝てる」という気持ちに変わっていきました。

現在もソフトボールの選手達や相談者には、体験をしてもらっています。

イメージ力

インターネットで、「スプーン曲げ」を検索すると、スプーン曲げマジックとして、いろいろな投稿が上がってきます。そこには、柔らかいスプーンやマジック用のスプーンを用意して、てこの原理を応用して曲げるなどと記載されています。

私の目的は、先入観や思い込みを捨てることなので、スプーン曲げを行うときは、最初に、「マジシャンや超能力者の育成ではありません」と断っておきます。そして、用意するスプーンは、初級編として、百円ショップで販売している少し力を入れれば曲がるほどの柔らかいスプーンとタオル、中級編として、力を入れても曲がらないほどの堅い金属のスプーンとタオルです。

実施例（初級編）

（1）スプーンをタオルで巻いて、スプーンであることを感じないような状態にします。

（2）両手で持ち、ねり飴やスライムのように、柔らかいものだと頭の中でイメージします。

（3）グニャグニャと曲がるイメージをしながら両手で軽くひねります。

そうすると気づかないうちにスプーンが曲がります。しかし、これは個人差があり、全く曲がらない人もいます。私の経験上では、同時に行って8割～9割の人のスプーンが曲がります。曲がらなくても何も問題はありません。

そして、簡単に曲がった人には、今度は、金属の棒とかまっすぐな物をイメージして、曲がったスプーンをまっすぐにしてもらいます。

【図表４　スプーンの写真と感想】

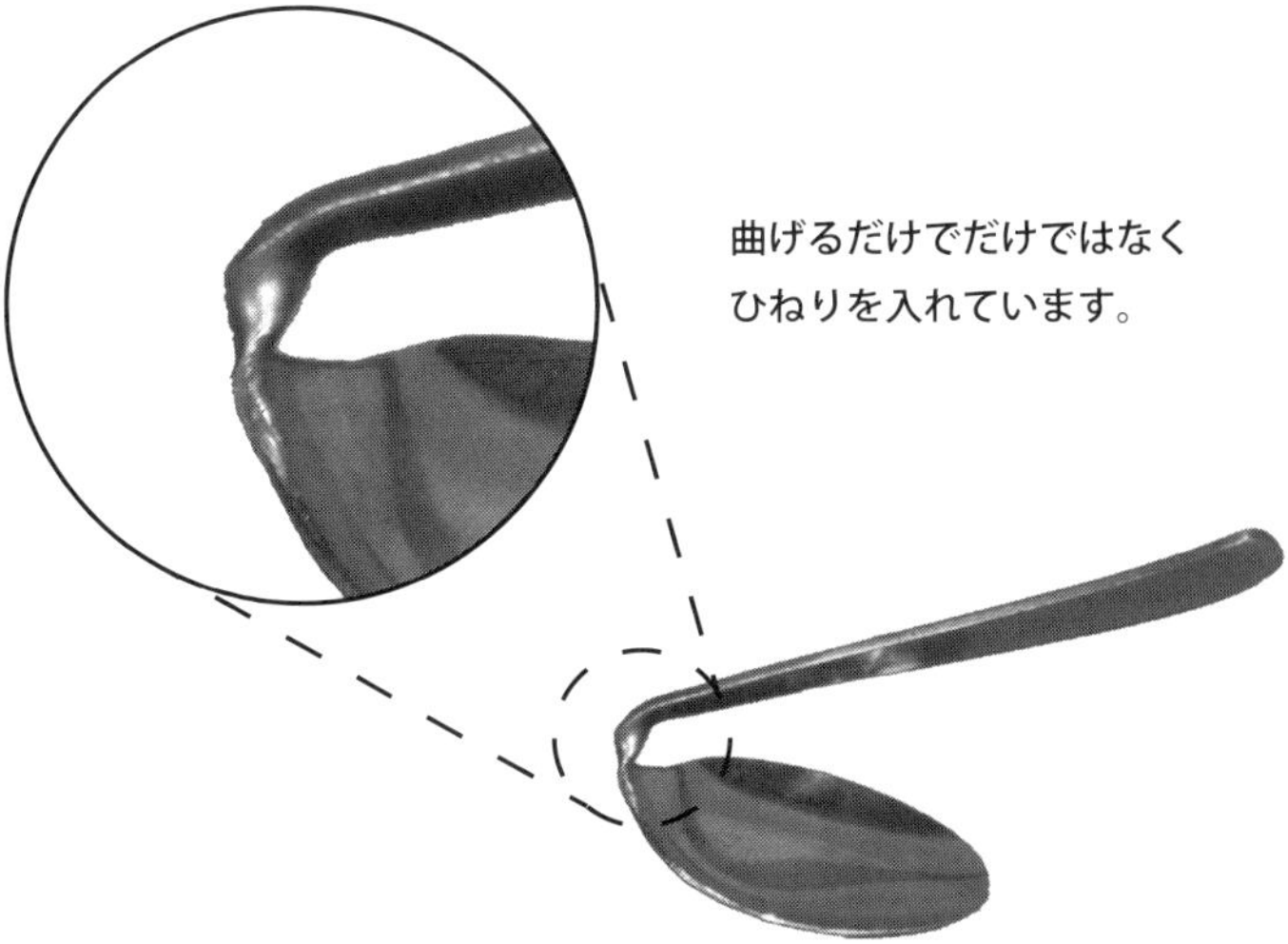
曲げるだけでだけではなく
ひねりを入れています。

～実施者の感想～

【中学生女子　Ａさん】

最初に硬いという思い込みをなくし、「絶対に曲がるんだ」という信念を持つことが大切です。硬いものということは忘れて、長いガムやスライムなどのぐにゃぐにゃ～と曲がるものを想像し、頭の中でイメージします。そうすると、力を入れなくても知らないうちにふにゃふにゃっと曲がり自由に動かせるようになります。

【中学生女子　Ｓさん】

スプーンを曲げるとき、想像したのは、粘土です。こねこねしているとき、「今だ！」と思った瞬間、シュッ、と曲げたらできました。そのあとは、何も考えず、ねりあめみたいに、ふにゃふにゃ曲げました。

次に、中級編として、力を入れても曲がらないほどの堅い金属のスプーンを前述の実施例の要領で行います。また、曲がったスプーンをまっすぐに戻します。

これらが簡単にできる人は、さらに、上級編として、スプーンをタオルで包まずに行ったり、曲げるイメージではなく、ねじるイメージでやったりしてもらいます。

なぜ曲がるのか、ねじることができるのか、正直、科学的な根拠はわかりませんが、脳の中で曲がっている、ねじれているという強いイメージ力が働いて、非現実から現実になるのではないかと推測します。

6　自分の潜在能力を引き出そう

顕在能力と潜在能力

顕在能力とは、表に現れていて自分で意識的に使える能力といい、潜在能力とは、その逆で表には現れず内側に潜んでいて、自分自身が自覚していない能力です。他人もその能力には気がついていない能力のことです。

潜在能力とは、例えば、「火事場の馬鹿力」という言葉があります。火事の現場や生命の危険にさらされているときなどの緊急事態に、普段では考えられないくらいの重い荷物を運び出すほどの力を発揮するということが由来です。このように、ある一瞬に自分も驚くほど速く走ることができたり、力を発揮できたりするということです。

身近な例では、宿題や提出物の締め切りが迫り、自分でも驚くほどの集中力で、最後の１日にやり切って期日に間に合ったという経験はありませんか？　私自身の体験では、ほんの数年前のことですが、ホームで新幹線を待っていて、ドアが開いた瞬間に反対方向と気づき、そこから全力疾走で反対ホームに向かって階段を降りて昇って、ドアが閉まる直前に飛び乗って間に合った経験があります。同時刻の出発時間なので、ほんの数十秒だったと思いますが、すでに50歳を超えていたのに、我ながら凄いスピードだったと感心したことがあります。

潜在能力は、今まで経験したことがない世界で、自分が気づかなかった才能が開花するということもあります。これをたまたまそうなったとか、たまたまできたと偶然と捉えるだけではなく、潜在能力を意識的に引き出すことができれば、自分の可能性はさらに広がります。

あなたの中に、「絶対音感がある」、「得意な専門分野がある」、「語学力に長けている」、「絵心がある」、「運動能力が高い」など、どんな能力が潜んでいるかわかりません。

シャウト効果

スポーツのシーンでは、投てきの選手が投げる瞬間に声を出したり、ウエイトリフティングの選手がバーベルを持ち上げるときに声を出したり、他のスポーツでも大きな掛け声を出している姿を見かけたことはあると思います。

これは、シャウト効果といって、発した声が潜在的な力を覚醒させる効果があるとされています。

潜在能力を引き出す

自分自身の中に眠っている潜在能力は無限大です。それを引き出さない手はありません。潜在能力を引き出す方法は、多くの専門家の本でもいろいろな方法が紹介されています。

私の経験上の『潜在能力を引き出す方法』は、次のとおりです。

（1）良質な睡眠とバランスの良い栄養を取る。
（2）先入観や思い込みを捨てる。
（3）イメージ力を鍛える。
（4）素直に受け止める。
（5）新しいことにチャレンジする。

この5つだと思います。

まずは、良質な睡眠とバランスのよい栄養を取ることです。睡眠不足では、よいアイデアも生まれませんし、偏った栄養や栄養不足はパワーが出ません。いつも選手たちには、「車にガソリンが入っていないとどうなりますか？」と聞きます。そうすると、「走りません」と返ってきますが、身体が資本なので、睡眠で疲れを取り、栄養でパワーをつけることが大切です。

次に、先入観や思い込みを捨てることです。これは前述しましたが、そうすることで視野は広がります。今まで決めつけていて、疑問にも思わなかったことを、「なぜなんだろう？」と思うことで、「なぜ」を考えるようになります。オートマチック化されていた脳が活性化されて、新しい物の見方や考え方が生まれてきます。

３つ目は、イメージ力を鍛えることです。脳の中で、自分がそのようになっている姿をよりリアルに浮かべる方法や、五感を活かして現実のようにシャドウトレーニングをする方法。なりたい自分の目標となる人を観察する方法などを活用して、仮想と現実が近づくようにすることで、能力は開花していきます。

４つ目は、何事も素直に受け止めることです。表現の仕方を変えると、聞く耳を持つということにもなります。よく頑なに自分の考えに固執している人がいますが、１人の考え方や知識だけでは限界がありますので、他人からのアドバイスは、まずは素直に聞いてみることです。

５つ目は、新しいことにチャレンジすることです。いつも決めたことの繰り返しではなく、あなたの好奇心と行動力を奮い立たせてみましょう。何か新しいことをしようと思うと、ワクワクしてきませんか？

例えば今までに行ったことがない所へ行ってみるとか、新しい習い事を始めるとか、その行動の一歩が新しい仲間との出会いであったり、自分の新たな才能を発掘したり、自分の気づかなかった新たな可能性を引き出すことになります。

さあ、自分の潜在能力を引き出してみることにチャレンジしてみましょう。

潜在能力は無限大

あなたの中で眠っている潜在能力は無限大です。現時点での顕在能力だけで、「私はできない」と判断してしまったら、無限の可能性を自分で潰すことになります。能力に限界を決めず、努力し続けることです。

例えばスポーツ選手であれば、努力を継続することで、技術が向上したり、記録が伸びたりします。学生であれば、学び続けることで、知識が広がります。研究者であれば、研究を続けることで、新たな発見が生まれます。

自分の持つ可能性を信じて、勇気を持って挑戦し続けることが、潜在能力を引き出すことに繋がります。

7　素直に受け止めてみよう

まずは聞く耳を持つこと

自分の潜在能力を引き出す方法で、前述しましたが、1人の考え方や知識だけでは限界がありますので、自分の考え方に固執しないで、他人からのアドバイスは、まずは素直に聞いてみることが大切です。

私は、ソフトボール選手やテニス選手を指導してきましたが、ソフトボールでは、日本代表選手や代表コーチ経験者、日本リーグの監督やトップレベルの選手などに選手を指導してもらう機会を設けます。

また、テニスでは、スクールのコーチやテニス経験者で公式試合に出場している人たちに来てもらい、ゲームをしてもらったり、サーブを教えてもらったりする機会を設けていました。

私はいつも選手に、「どんな人からのアドバイスでも、まずは素直に聞いて実践してみる素直な心が大事。もし、やってみて合わないようならあとで修正すればいいから」と言います。多くの人と出会い、多くの人にアドバイスをもらうことで、視野が広がりますし、他人からの評価ももらえます。

また、いつも指導している側にとっても、他人の目によって、普段気づいていないことに気づくこともできます。また、同じ指導ポイントでも有名選手にアドバイスされると、できるようになるということもあります。選手も指導者もまずは聞く耳を持つということです。

視野を広げる

あなたは、他人からアドバイスを受けたとき、どんな受け止め方をしていますか？「いや、それは無理です」とか「それは違います」と突っぱねていませんか？　考え方は、人それぞれ違うので、違う考え方もあることを受け止めてみましょう。そこにヒントがあるかもしれません。凝り固まった考え方では、視野は広がりません。

自分自身では広い視野で考えているようで、実は1人では考え方に偏りがでてきます。また、1人で考えていると、答えが出ずにネガティブになっていく場合もあります。そんなときは第三者である友人、先輩、親、上司に相談することで、違う角度からアドバイスももらえて、新たな発想も生まれますし、視野も広がっていきます。

身近な人に聞くのが苦手な人は、専門家や専門店、図書館を活用することも方法の1つです。そこで、アドバイスをいただいたら、まずは素直に受け入れてみましょう。

素直な人は伸びる

何かを学ぼうとするとき、一番の基本は素直であるということです。「愚者は賢者に学ばず，賢者は愚者にも学ぶ」という言葉を聞いたことがあります。「愚かな人は、賢い人が言っている言葉から何も学ぶことができないが、賢い人は、愚かな人が言ったその一言からも学ぶことができる」ということです。

これを、愚者を素直に置き換えると、「素直ではない人は、素直な人から全く学ぶことができない。素直な人は素直ではない人からも学ぶことができる」となります。

第3章　夢実現を具体化するコツ

1　リラックスしよう

最近の子どもは疲れている

学校の授業後は、宿題、勉強、習い事、ゲーム、スマホとやることが多くて、子どもの口から「疲れた」という言葉を聞くことが多くなりました。

大人より忙しいのではないかと思うこともあります。例えば英語、珠算、公文、ピアノ、スポーツと平日で5つ、週末はスポーツの試合や遠征という子どももいます。その他に、ゲームやスマホのやりすぎやテレビの観すぎで疲れている子どもや学校・塾・習い事での人間関係に疲れている子どももいます。

さて、あなたは疲れていませんか？　もし、疲れたと感じたときは、生活を見直すことが必要です。時間に余裕がないと、身体だけの疲れだけではなく、脳も疲れてしまいます。また、人間関係の疲れも知らず知らずのうちに蓄積していきます。何もしないでボ～っとする時間をつくって、脳も休ませることが大切です。

脳のリラクゼーション

過度の勉強や仕事の疲れ、人間関係やメンタル的な悩みを脳はストレスと判断します。ストレスが強くなれば、本来の働きができず、判断が鈍ったり、集中力を欠いたりします。夢を具体化するにも脳が疲れていては、よいイメージが浮かびません。疲れや雑念を減らして、脳をクリアにします。

脳のリラクゼーションの方法としては、自律訓練法や呼吸法、自己催眠法、ヨガ、アロマテラピー、瞑想のほか、様々な方法があります。

私は、脳をリラックスさせる方法の1つとして、呼吸法と瞑想をおすすめしています。これは1人でできます。また、どんな場所でも道具がなくても簡単にできます。

呼吸法と瞑想

3つのことに気をつけて行います。

（1）習慣化する。
（2）姿勢を整える。
（3）ゆっくり深い呼吸をする。

1つ目の習慣化するとは、毎日、朝または晩、朝晩と一定時間、自室や静かな所で行います。日常の生活習慣になるように継続して行います。習慣化することで、雑音の多い所でも気にせず行うことができるようになります。

2つ目は、姿勢を整えることです。姿勢が整っていないと深い呼吸ができません。また、呼吸が乱れていると心も乱れます。逆に、心が乱れていると呼吸も乱れます。

姿勢は、畳やフロアにあぐらをかく、正座をする、椅子に座る、どれでも構いません。背筋を伸ばして座ります。猫背になりやすい人は、両肩を前から後ろに大きく回して手を下ろします。両手はへそより指2本～3本下に軽く置きます。ここを丹田といいます。

3つ目は、ゆっくり深い呼吸をしますが、ここで目を軽く閉じます。最初に口から息をゆっくり吐きます。そして、鼻からゆっくり息を吸います。このとき腹式呼吸で両手はへそから指2本～3本下に当てて、下腹が膨らむように息をゆっくり10から12くらい頭の中で数えながら吸います。次に、いったん呼吸を止めて、10から12くらい頭の中で数えたら、今度は口から細く長くゆっくり10から12くらい頭の中で数えて吐きながら下腹をへこませます。この動作を繰り返します。息をゆっくり吐くときに肩・首と身体の力が抜け、脳の中もふわっと気持ちのよい状態になります。

このとき脳がリラックスしています。この呼吸法を腹式呼吸または丹田呼吸と呼んでいます。

1人で行うときは、頭の中でカウントしますが、複数人で行うときは、誰かがカウントします。

私が指導してきたソフトボールスクールやテニス部では、練習の最初にも集合して立位で、腹式呼吸と瞑想を行います。立位のときの両手は丹田に当てます。

テニスは、個人戦が多いので、選手は試合が近づいたら1人で腹式呼吸と瞑想を行っていました。どちらのスポーツもピンチのときや自分が緊張していると感じたときには、その場で数回腹式呼吸をして、脳をリラックスさせます。また、テストのときも開始前には、必ず姿勢を正して腹式呼吸をしてから始めるようアドバイスをしています。

【図表５　腹式呼吸と瞑想】

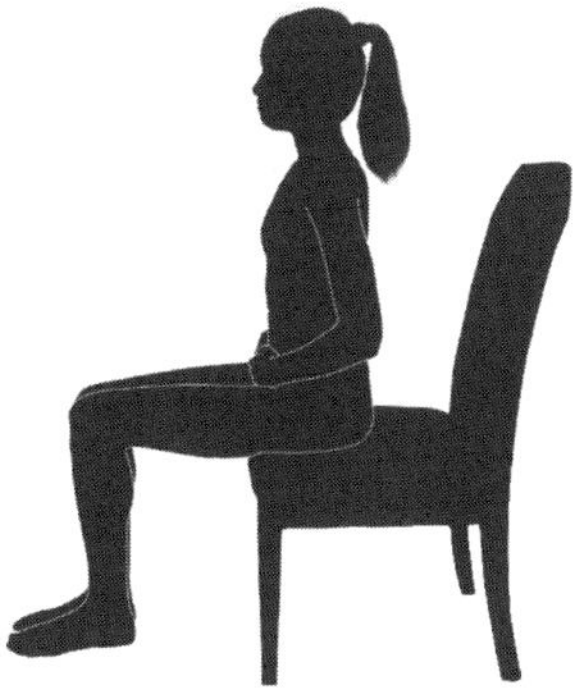

椅子

自分が一番リラックスできる姿勢

- 椅子に座る
- あぐらをかく
- 正座
- 立位（立った姿勢）

①手はへそより下に置く（丹田の位置）
②全身の力を抜く
③口から息を吐く
④鼻から息を吸う（10 ～ 12 カウント）
⑤息を止める（10 ～ 12 カウント）
⑥口から息を細く長く吐く
（10 ～ 12 カウント）

①～⑥までを５～ 10 回繰り返す

⑦瞑想する

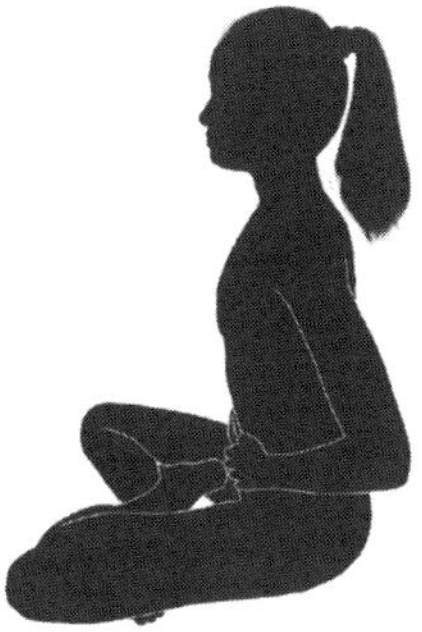

あぐら

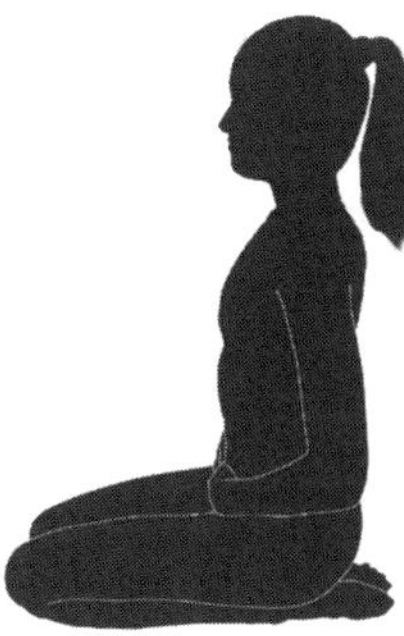

正座

2　気の巡りをよくしよう

気という言葉

「気」という漢字がつく文字は数多くありますが、「元気」「勇気」「本気」「やる気」、この言葉を聞くと活力が満ちてきませんか？　逆に、この言葉に「ない」をつけると、「元気がない」「勇気がない」「本気ではない」「やる気がない」となり、聞いただけで気分が沈みませんか？

「気」というのは、目では見えませんが、古代より中国では、人間や動物などの生きているものだけでなく、ありとあらゆる物質が「気」でできていると考えられています。そして、その「気」がなくなると生命体も物質も消滅するとも考えられています。

ということは、「気」の巡りがよく「気」で満ち溢れている人は、元気で何事にもポジティブにチャレンジするパワーがあると考えられます。

元気が基本

「元気」とは、元の気と書きます。心身の活動の源となる力で、また、それがあふれている感じを表しています。これから自分の夢を実現していく上で、心も身体も元気であることがとても重要です。そこで、いつも気の巡りがよくなって、元気でいられる体操をご紹介します。

元気が出る体操

誰にでも簡単にできて、道具もお金もかからない元気が出る体操です。ソフトボールスクールでは、少しでも時間があればこの体操をしています。また、講演会でも必ずと言っていいほど、会場の皆さんに体験してもらっています。それは、ただ単純に腕を振るだけの「腕ふり体操」です。

私が、この体操を学んだのは、２００1年頃になります。当時、船井幸雄氏に講演会の講師をお願いして、何度か講演会を開催していましたが、それがご縁で、船井幸雄氏のセミナー等に参加させていただくようになり、２００1年頃から船井幸雄氏がセミナーで、「両腕振り体操」として、ご紹介されるようになりましたので、私も「腕ふり体操」をするようになりました。

その後、多くの気功家や、治療家の先生方と出会う機会がありましたが、同じような「腕ふり体操」を推奨されていました。やはり単純な動作ですが、気が満ち溢れる仕組みがあるのだと思いました。

腕ふり体操のルーツ

この体操は、通信工学の権威だった工学博士の故関英夫先生から教えてもらったと船井幸雄氏のブログに書いてありました。達磨大師が遺した「易筋教」（えききんきょう）という経典の中に、「健康長寿の秘訣」として書かれていたものを関先生が発見され、自ら実践されるようになったそうです。

船井幸雄氏は、「両腕振り体操」という名称でＤＶＤ等を出されておられましたが、その後、自分が、日々行う中で、始めるときに１つ動作を加えたり、腕の振り方を工夫したりして、自分に合うやり方に改良し、「腕ふり体操」として行っています。

※船井幸雄（船井幸雄、１９３３年1月10日～２０１４年1月19日）

※出典「船井幸雄．com」ブログ

腕ふり体操のやり方

（1）足は、肩幅くらいに開いて立ちます。

（2）背筋を伸ばし、両手は体側にして、リラックスします。

（3）両肩を前方に上げて、前から後ろに回して、両肩が後ろにきたらストンと力を抜きます。

（4）（3）の動作を3～5回、息を鼻から吸いながら肩を上げ、下ろすときに息を口から吐きます。

（5）両腕を肩の高さまで前方に振り出し、そこから両腕を後方に振り下ろします。

（6）振り下ろした反動で両腕が前方に移動して肩の高さに移動します。これを繰り返します。

ここで気をつけることは、

（1）手のひらは内側に向け、リズムよく力を抜いて腕を振ります。肩甲骨を動かすイメージ。

（2）前方に振り出した時の両腕の距離は少し狭く、後方に振り下ろしたときは少し広げます。

【図表６　腕振り体操】

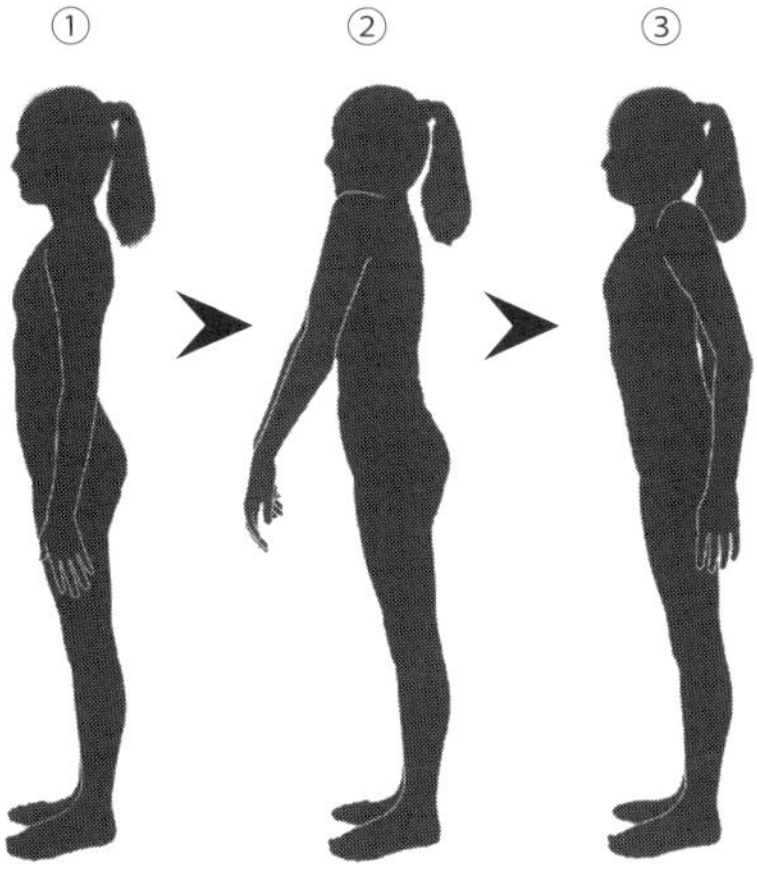

スターティングポジション
最近は猫背の人が多いので、初めに
①両足を軽く開く
②肩を上げて半円を描くように前から後ろへ回す
③そしてストンと肩を下し①の姿勢へ戻す。

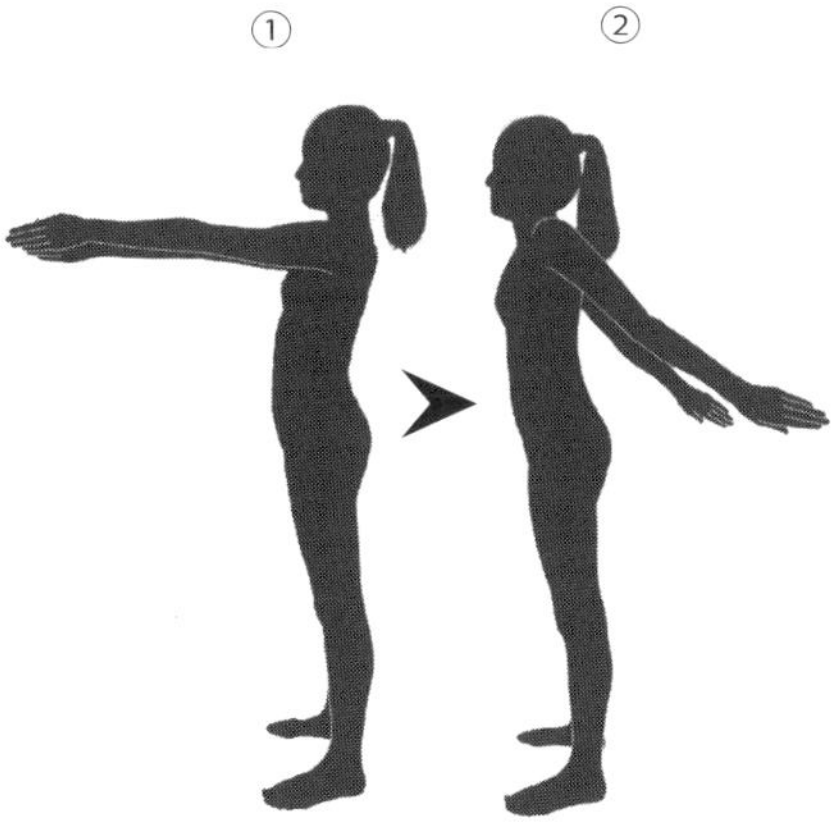

①腕は肩の高さに上げて
②後ろに引く
③後ろに引いた反動で腕を①の高さに戻す

※腕振りに合わせて肩甲骨も動かす。

腕ふり体操の回数と所要時間

およそ100回の腕ふりで1分30秒〜2分です。回数は何回行ってもかまいません。やればやるほど元気になります。ちなみに私は300回を1セットとして行っていますので、所要時間は、5分程度です。これを1日に何セットか行います。

単純な動作でいつでもどこでも行うことが可能です。肩甲骨がよく動くようになると、血行や気の流れがよくなります。また、上半身だけの動作に見えますが、背中や腰も伸びますし、下半身もしっかりしてきます。

3　笑って免疫力をアップしよう

免疫力とは何でしょう

私たちには、免疫というがん細胞やウィルス・細菌を撃退する自己防衛システムが備わっています。免疫力は、生活習慣の乱れや睡眠不足、栄養の偏り、強いストレスなどによって低下します。

免疫力が低下すると、ウィルス・感染症にかかりやすくなります。その他に、疲れやすい、肌が荒れる、風邪をひきやすい、花粉症になりやすいなど様々な体調不良を引き起こします。

免疫力をアップする方法

免疫力をアップするには、規則正しい起床と就寝のリズムにより良質の睡眠を取り、バランスのよい栄養を摂取して、適度な運動を行います。精神的な面では、ストレスを溜めないように心身をリフレッシュします。

例えば、読書、映画鑑賞、ゆったりするなど自分がリラックスできることをします。そして、笑うことでＮＫ（ナチュラルキラー細胞）を活性化します。

よく笑って免疫力アップ

笑いと免疫力の関係についての研究が多くされていますが、最近では、大阪の医療機関が漫才や落語による笑いによって、がん患者の免疫力向上や、心身の状態も改善が確認できたと発表しました。その研究によると、鑑賞した患者全体で増加傾向が見られて、患者の気分の変化などのアンケートでも緊張や抑うつ、疲労などの６項目すべてで改善が見られたそうです。また、がんの痛みについても改善があったそうです。

その他にも「笑い」が身体に及ぼす影響についての様々な文献がありますが、いかに笑うことが免疫力をアップさせるかがよくわかります。また、笑いが心の健康にはどう役立つのかをラットを使って実験したグループがあり、それによると、笑うことでストレスに強くなることがわかったそうです。私たち人間も日頃から笑うことで、そんな効果が期待できるのかもしれません。

日頃から笑っていますか

単純に笑うだけですが、日々の忙しさや時間に追われて笑うことを忘れていませんか？　また、精神的にイライラが募り、怖い顔になっていませんか？　朝、出かけるときやトイレに行ったときに笑顔のチェックをしてみましょう。無理にでも笑顔をつくるだけで、口角が上がり、表情筋が緩みます。

１９９５年にインドで生まれた「笑いヨガ」が、今では世界１００か国以上に広がっています。最近では、日本式に改良されて、介護予防や認知症予防を目的として、介護の現場でも導入されるようになってきたそうです。

「笑い」は、免疫力アップのほかに血糖値も下げるそうです。血糖値を下げるというのは最近知りました。その他に、脳を活性化して、脳の血流量を増やして脳をリラックスさせます。そして、記憶力や思考力をアップさせるともいわれています。

笑うことで、酸素の消費量も増えカロリーの消費量も多くなります。さらに、大きな声を出して笑うことで、表情筋、腹筋や横隔膜をよく動かすので、筋力トレーニングにもなります。

私は、いつも選手たちに「嫌なことが起きたとき、辛いときにこそ笑い飛ばそう」と言っています。起こってしまったことを悔いても時間は戻らないので、笑い飛ばして、気持ちをプラスに転換して、解決策を考えたほうが精神面のダメージも少なく健康的にいられるからです。

4　ポジティブ思考と言葉

ポジティブ思考とネガティブ思考

ポジティブ思考とは、物事を前向きにとらえる積極的・楽観的な考え方のことをいいます。ネガティブ思考とは、それとは逆に消極的・悲観的な考え方のことをいいます。

ポジティブ思考とネガティブ思考の例

・ポジティブ思考の場合…「きっとうまくいく。なんとかなる」
・ネガティブ思考の場合…「やっぱり絶対失敗する。私にはできない」

まだ起きてもいない出来事に対して、ネガティブに考える人がとても多いです。ソフトボールにおいても試合をする前から「きっと勝てない」、「私には打てない」、「エラーをしたらどうしよう」とネガティブ思考の選手がいます。

それとは逆に、「絶対勝てる」、「チャンスで必ず打てる」、「最高のプレーができる」とポジティブ思考の選手がいます。そうすると何が起きるかというと、ネガティブ思考にはネガティブなことが、ポジティブ思考にはポジティブなことが実際に起きます。

例えば「エラーをしたらどうしよう」とネガティブ思考の人のところにボールが飛ぶと、「来た、エラーしたらどうしよう」と恐怖が襲います。そして、気持ちが焦るのでエラーをします。エラーの後のプレーの切り替えもできず、心の中で「やっぱりエラーをした」と思い、ますますプレーをすることに消極的になります。

ところが、ポジティブ思考の人がエラーをしても、その後のプレーや気持ちの切り替えが早く、「大丈夫、次はうまくいく」と捉え、積極的なプレーを心がけます。

私はいつも「ボールが来たらどうしよう、自分のほうに飛んでこないで」と思っている人のほうにボールは飛ぶ、本当はプレーに自信がなくても「自分のほうに飛んで来い」と思っていると、心の準備もできているから落ち着いてプレーできる。だから、エラーにはならないと話をしています。

まだ起きてもいない未来に対して、ネガティブに考えるより、ポジティブに考えたほうが気持ちも楽になります。楽観的に物事を考える習慣をつけるほうが未来は明るくなります。とはいえ、不安なことや嫌なことがあれば、ネガティブになるのは脳の自然の反応です。

ネガティブ思考からポジティブ思考へ

ネガティブ思考からポジティブ思考へ変えていきましょう。そのためには、自分を責めないことです。自分ができないことにばかり目を向けないで、少しでもできたら自分を褒めることです。

また、自分がこれから始めようとしている未来に対しては、楽観的に考え、楽しい未来、成功している自分の姿をイメージしましょう。これは、トレーニングと同じで何度も繰り返し行うことで、自分の考え方の習性を変えていきましょう。

私がよく例に出すのは、次のことです。

学校に自転車で向かっていますが、今日は信号が必ず赤になり停まらなくてはいけません。

こんなとき、あなたは次のどちらですか。

「なんで今日は赤信号ばかりなの、停まってばかりで進まなくて腹が立つ」

「今日は赤信号で必ず停められる。焦らずゆっくり行こうってことか」

と尋ねます。前者のようなネガティブな考え方をすると自律神経の交感神経が優位になりイライラします。後者のようなポジティブな考え方をすると、気持ちが鎮まりゆったりした気分になります。

何事も考え方1つで、気分も左右されます。いつもポジティブ思考を心がけているとストレスも減り、毎日が楽しくなりワクワクしてきます。さらに、いろいろな出来事が自分にとってプラスな出来事に捉えることができるようになります。

言葉の大切さ

ポジティブ思考と口から発するポジティブな言葉はとても大切です。言葉は、言霊（ことだま）といって、古代日本では、言葉には不思議な霊力が宿っており、発した言葉どおりの結果を現す力があるとされていました。

結婚式のようなお祝いの席で使ってはいけない不幸・不吉な言葉を忌み言葉といいますが、日本には、このような習わしがあります。だから、よい言葉を発すればよいことが起こり、悪い言葉を発すれば悪いことが起こると言われています。

エネルギースキャンテストで試してみよう

私はポジティブな言葉を発することが、なぜよいのかということをその場で体験してもらっています。その方法は、「エネルギースキャンテスト」という方法です。

数年前に量子療法の中里俊隆先生にご縁をいただき、中里先生の勉強会に参加して、量子療法を学びました。まだ、学びの途中ではありますが、現在は、中里先生の「EST（エネルギースキャンテスト）」を取り入れています。中里先生は、代替医療の診療法として、また、あらゆることに活用されています。

身体に質問をして、正しい答え（YESの反応）のときは、身体に力が入り、間違った答え（NOの反応）のときは、身体の力が抜けると考えられています。これは潜在意識が判断しているとも考えられています。

1人でのEST法もありますが、訓練を積まないとできないことと、ここでは、2人で行ったほうが、より結果がわかりやすいので、2人1組で行います。

「こういう結果が出てほしい」「こういう方向に誘導したい」という個人の意図が出ないように、よりフラットな状態で行います。

指で行うときは、親指と一番力の入りにくい薬指か小指を使って行います。

その他に、私がよく活用するのが腕相撲です。これは立ったままでも行うことができます。
ここでは、ESTテストを使って、ポジティブな言葉がなぜよいのかを体験してみましょう。2人1組になって行います。

EST（エネルギースキャン）テスト

（1）初めに被験者の力加減を調べる。実験者は「いきます」と声をかけてから力を入れる。被験者に力が入っていることを確認する。確認後は被験者から離れる。
（2）被験者は、ネガティブな気持ちをイメージして、ネガティブな言葉を発する。
例：大嫌い、悲しい、うざい、他
（3）最初の体勢をつくり、力加減を調べる。実験前より被験者の力が抜けていることを確認。確認後は被験者から離れる。
（4）被験者は、ポジティブな気持ちをイメージして、笑顔でポジティブな言葉を発する。
例：嬉しい、楽しい、幸せ、大好き、他
（5）最初の体勢をつくり、力加減を調べる。実験前より被験者の力が入っていることを確認。

ここでの注意事項は、相手との力比べではありません。自分の力を見せつけるために実験者が思いきり力を入れることがありますが、被験者がどれくらいの力があるか、実験によって、どれだけ力が抜けたのか、力が入ったのかを調べたいだけなので、怪我のないよう注意して行ってください。

【図表7　エネルギースキャンテスト】

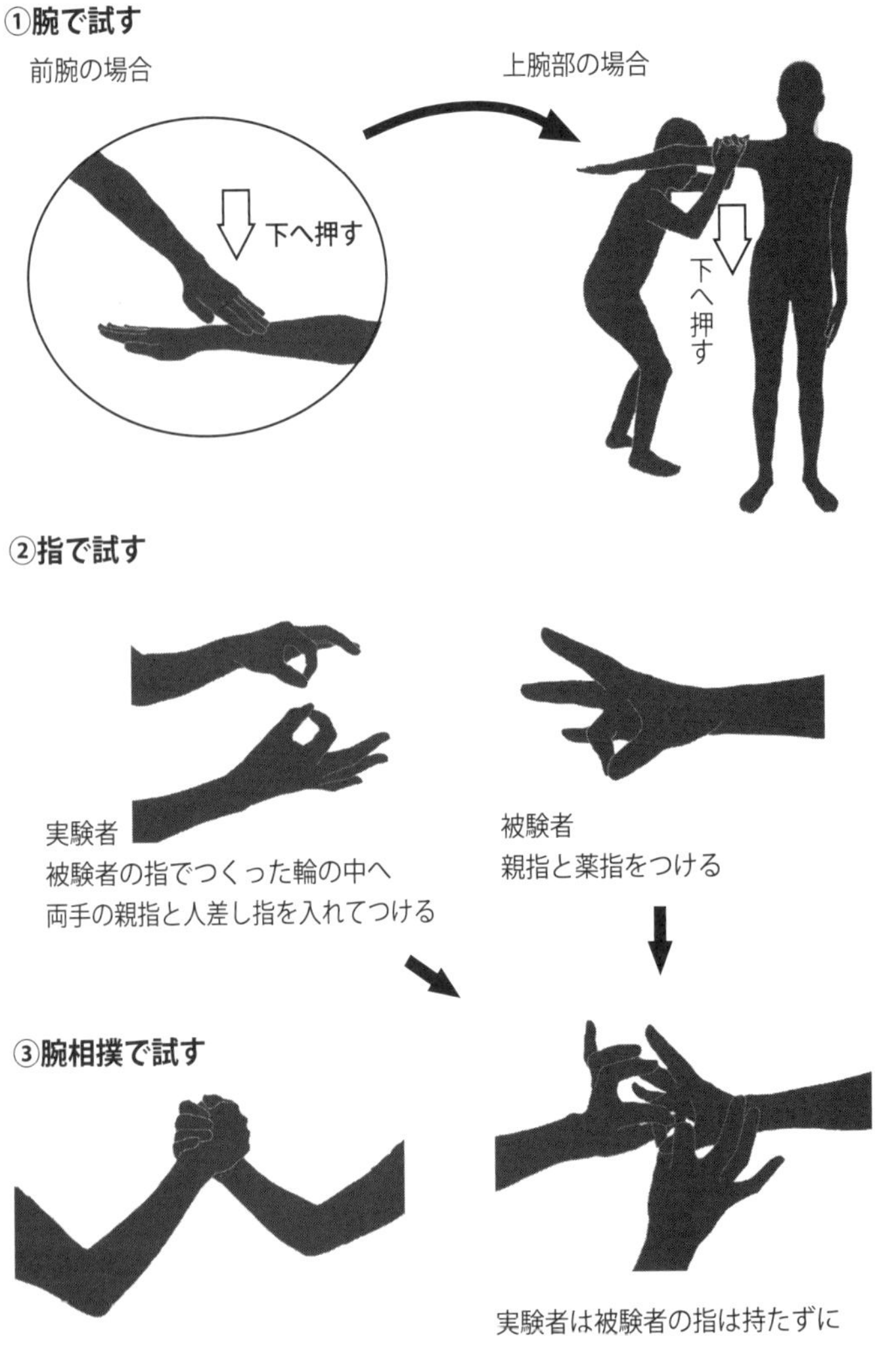

ポジティブな言葉

さて、エネルギースキャンテストはいかがでしたか？　ポジティブな言葉のときに、力が入るのはよい言葉であるということです。ですから、「ポジティブな言葉を使いましょう」と指導の現場で体験を交えてお伝えしています。

スポーツの現場では、野球・ソフトボールで例を挙げてみると、結構ネガティブな言葉が飛び交っています。「フォアボールを出すな」「三振するな」「エラーをするな」などがそうです。声援を送っているようですが、実はネガティブを植えつけてしまっています。それを「ストライクを入れていこう」「思いっきり振っていこう」「積極的なプレーをしていこう」と言葉を変えるだけで、ポジティブになります。言葉の持つ力は、言霊というように本当に重要なのです。

エネルギースキャンテストの現状

エネルギースキャンテストは、あくまでも1つの参考例にすぎませんので、活用できるかできないかは、ご自分で判断していただきたいと思います。

ここでは、言葉の活用について説明しましたが、医療の現場でも判断基準の1つとして活用されている医師や治療家がたくさんおられます。

私自身もいくつか体験しています。末期がんのときに船井幸雄氏に紹介していただいた東京の横内醫院の横内正典先生は、バイ・ディジタルOリングテストを活用されていました。大阪の橋本内科外科クリニックの橋本和哉先生は、魔法の杖のようなものを使って病状や漢方薬を調べておられました。信じるかどうかは別にして、これも思い込みや先入観にとらわれないことだと思います。

5　夢を目標に変えてみよう

実現したい夢の絞り込みをしよう

第2章の3で、「実現したい夢」と「ワクワク度と優先順位」をノートに書き出しました。いよいよその中から実現したい夢の絞り込みをしていきましょう。

「実現したい夢」と「ワクワク度と優先順位」が書いてあるページを開きます。そして、「実現したい夢」を1つずつ四角で囲みます。定規を使ってまっすぐな直線で、長方形になるように囲みます。その準備ができたら、前項の「エネルギースキャンテスト」を行っていきます。

初めに、被験者の力の入り方を調べます。そして、夢が書かれている長方形に、空いている側の指を置きます。そして、チェックしていきます。この場合は、机の上にノートを置き、姿勢を正して、エネルギースキャンテストを行ってください。

すべての夢に対して、同じ力が入るとは限りませんので、それを1つひとつ丁寧にチェックしていきます。中には、力が抜けてしまう夢もあるかもしれません。その夢は今の時期ではないか、あなたに必要な夢ではないのかもしれません。

夢を明確な目標に変えよう

これまでは、実現したい夢と優先順位を書き出していましたが、エネルギースキャンテストでさらに実現したい夢がはっきりしてきたと思います。

しかし、このままでは夢で終わってしまいます。いつも講演会で、「夢が夢で終わらないように、夢から目標へ、そして目標達成へ」とお話をさせてもらっています。中学生や高校生を対象にした講演会では、例えとして、「夢は、いつかハワイへ行くこと」と言っているだけでは、いつまで経っても実現しません。

いつまでに行くのか期限を決めます。そして、費用については、どんなグレードのホテルか、飛行機は格安にするのか、何日滞在するのか、観光はどこに行くのかによってかなり変わってきます。

そして、費用が決定したら、アルバイトであれば時給いくらで何日働けば貯まるのか、小遣いを貯めるのであれば、毎月いくらを貯金すれば達成するのかなどを計算します。

こうすることで、夢が具体的な目標に変わり、より達成可能となるというお話をします。

必ず期限を決めよう

「いつかできるといいな」「何年後には行きたいな」では、ずっと夢のままです。必ずいつまでに、何年何月何日までに達成すると、期限を決めることが夢実現の最大のポイントです。

期限を決めることで、今まで何でも先延ばしにしてきた心が変わります。目標に向けて今までとは行動が変わってきます。行動が変われば、日々の習慣も変わってきます。
「自分はできる」と信じて、ゴールを目指して進みましょう。

6　人生の夢実現ストーリーを描こう

自分の人生の夢実現ストーリーを時系列で描こう

ノートを開いて2ページ分を使い、自分の人生の夢実現ストーリーを書き出します。左から右に向かって、左が今の自分として、数年後どんな目標を達成しているのかを書いていきます。

例：ある中学1年生女子Aさんの夢実現ストーリー

中学3年生：テニスのシングルスで県大会ベスト8入賞
高校1年生：テニスの強豪校に入学（具体的な高校名）
高校2年生：団体戦のメンバーに入る
高校3年生：インターハイ団体戦で出場
大学1年生：管理栄養士の学部のある大学に入学（具体的な大学名）テニスも継続する
大学卒業時：管理栄養士の資格を活かした企業に就職
社会人1年目：スポーツ管理栄養士の資格を通信で取得する
社会人5年目：独立をして、プロスポーツ選手と契約

30歳：結婚、結婚後も仕事を続ける
35歳：家事代行のプロになる。各家庭の食事をサポートする。
38歳：２人の子どもに恵まれ、家族で海外旅行をする

ある中学1年生女子の成功ストーリーです。当然、状況によって修正もでてきますが、現時点での夢実現ストーリーです。

目標達成までの道のりを細分化しよう

前項で、目標設定をしましたが、さらにその目標が期日までに達成できるように、目標を細分化していきます。それはなぜかというと、夢を具体的な目標にしたとしても日々の生活の中で忘れてしまったり、なかなかうまくいかず投げやりになったりということがあるからです。これは誰にでも経験があることだと思います。

目標を掲げて挫折しないために、長期目標・中期目標・短期目標と３つの目標設定をします。長期目標達成がゴールになります。

長期目標の達成期限が３年後とすると、中期目標は1年〜1年半後、短期目標は３か月後くらいに設定します。また、長期目標の達成期限が1年後であれば、中期目標は６か月後、短期目標は1か月後として、短期目標の達成度を確認します。

そこで、予定より遅れていたり難易度が高いようであったりしたら修正します。スタートすると

きには、まずは1週間のプチ短期目標を決めて達成感を味わうこともモチベーションアップにつながります。

楽しくゲーム感覚で取り組もう

ゲームに置き換えてみると「完全クリア」が長期目標達成とすると、最初は簡単なステージをクリアしていきます。そのクリアができた達成感、小さな成功の積み重ねが大切です。

短期目標が1か月先であれば、1週間ごとのプチ短期目標を立てます。そのとき心の負担にならない程度で、継続できる具体的な内容を設定します。

1週間を終えたときに、「達成できた」という達成感を得ること、小さな成功体験を積んでいくことが継続のコツとなります。

例えば先ほどの中学1年生女子Aさんのケースでは、3年目に県でベスト8を目標に掲げていますので、中学3年生の夏に1つの長期目標達成となります。そうすると、中期目標が中学2年生の夏、中学1年生の夏が短期目標と設定します。中学1年の4月入学から夏までの約5か月間を細分化していきます。4月末の1か月間に、何がどのようにできるようにするのか、そのためにどんな練習に重点を置くのかなどを決めていきます。

最初の1週間は、「サーブを50本打つ」から始めて、1か月後に「狙った場所に50本中7割入れる」という設定にしたら、1か月後に見直しをして、目標値に修正を加えたり、次はフォアハンドやバックハンドを重点目標にしたり、自分の現在の実力と何に重点を置くべきかを自分で考えたり、指導者にアドバイスを受けて、設定するとよいと思います。わからないことがあるときは、自分の力だけではなく他人の力も借りて、より具体的な目標を設定していきます。

決意と意思表示をしよう

夢を実現させようと思ったら、強い決意が必要です。ここまでに目標設定を細分化して文字にしてきましたが、ただの思いつきでスタートすれば、いつの間にか気持ちが変わったり、中途半端になったりして長続きしません。夢を実現するためのツールとして、ノートやボードを活用して常に自分の描くストーリーを文字やビジュアルで確認をしていきます。ボードの作成については、次章にて解説します。

さらに、自分の夢実現ストーリーについて意思表示をすることもより効果的です。私は、日頃、夢実現を加速する応援ワークの１つとして、「元気フューチャー講座」を開講しています。そこでは、必ず講座の後半に、自分の夢実現ストーリーを参加者の前で発表してもらっています。そして、その発表を聞いていた人たちから盛大な拍手と応援のコメントをもらうことにしています。

自分がどんな夢を実現したいのか、どんな人生にしたいのかを簡潔にまとめて人前で発表することによって、自分自身のこれからの進むべき道の確認もできますし、目の前の人たちからの笑顔と拍手や応援コメントをもらうことで、モチベーションが上がります。

また、この発表を聞いていた人たちがその内容を覚えていて、その人の夢実現に向けた情報も与えてくれたり、関連する人を紹介してくれたりする場合もあります。

自分の夢実現を加速するためには、自分の胸だけにしまっておかないで、多くの人に夢を語ることもとても大切なことです。

7　同じ夢を実現した人から学ぼう

自分の参考モデルを探そう

将来なりたい職業につくためにはどんな資格が必要なのか、その資格を取得できる大学や専門学校や協会はどこなのか資料を取り寄せたり、その学校や協会の卒業生に話を聞いたり、オープンキャンパスに参加したり、いくらでも方法はあります。

すでにあなたが掲げた夢と同じような夢を実現している人が世の中にいるかもしれません。インターネットで探してみるのも夢実現を加速する手段だと思います。また、その人が本を出版していれば、その本を読んでみることもヒントになります。

もし身近にモデルとなるような人が見つかれば、直接会いに行って話を聞くこともよい方法だと思います。ただし、この場合は、事前にアポを取って、相手の迷惑にならないようにしなければいけません。

自分が実現したい夢がスポーツ選手であれば、今は動画などで試合の模様が配信されているので、プロスポーツ選手やアマチュアのトップ選手のプレーを動画で見つけることが容易になってきました。その他、ダンスや音楽、囲碁など様々なジャンルの動画も入手しやすいので、何度も繰り返しじっくり観察することもできます。

参考になるモデルを見つけたら、その軌跡をたどることもよいでしょう。目指したい憧れの人を見つけたら、その人のマネをすることもよいでしょう。

メンタルブロックを外そう

夢を掲げてみたものの、「やはり自分には無理」「自分にはできない」と自分自身にブレーキをかける人がいます。このように「自分には無理」と思うことをメンタルブロックといいます。

例えば、あるスポーツのトップ選手になりたいと夢を掲げても、「やはり私にはなれない」と自分自身を制止するようなことです。

人には変化を恐れる性質があり、極端な変化をしようとすると元に戻ろうとします。このような性質を持ち合わせているので、プチ短期目標を設定して、楽しくゲーム感覚で取り組み、小さな成功体験を積んでいくことで、メンタルブロックを外していきます。

目標は大きく掲げ、その達成に向けて、１つずつ積み上げていくことです。目標を達成する秘訣は、コツコツとやり続けることです。

より大きな夢達成のために負荷をかけてみよう

夢を書き出して、短期・中期・長期目標を立てましたが、その夢は大きな夢ですか？ これからノートに書き出した夢実現ストーリーを大きなボードに表現していきます。そのためにも再度、本当に自分が実現したい夢なのか確認をしてみましょう。なぜならば、これからこの夢実現に向けた生活が中心になっていくからです。本当に手が届くのかな？ 達成できるのかな？ と思うくらいのより大きな夢を掲げましたか？

より大きな夢を掲げることがなぜよいかというと、困難さや期限がつくことで力がつきます。そして、夢が明確であればあるほど達成率はアップします。再度、本当に自分が実現したい夢なのか確認しましょうと書きましたが、ここで一番重要なのは、自分自身が納得して受け入れた夢でなければ、実現の可能性は低いということです。

人は負荷をかけると成長します。トレーニングを例に挙げると、自分がこなせる回数より少し多い回数を行うことで、最初は辛いですが継続していくことでこなせるようになります。それがこなせるようになったら、次の負荷をかけて行えば、またこなせるようになります。少しずつの負荷でも達成感を味わうことができます。この達成感のスパイラルアップを継続することです。体力的な負荷の他、勉強であれば、解けない問題があればできるまで解く、解くことができたら次の少し難易度の高い問題を解くということです。仕事も楽器演奏も同じことが言えます。毎日継続的に行うだけでは伸びないので、少し辛い、きついと思う量をこなすことで能力がアップしていきます。

第4章　夢実現を加速するノートとボードの作成

1　夢実現を加速するためのツール準備

夢実現を加速するフューチャーノート

ノートにはすでに、

（1）自分自身との対話。

（2）快と思うこと。

（3）長所・短所。

（4）夢の書き出しとワクワク度・優先順位。

（5）夢実現ストーリー。

（6）各目標の短期・中期・長期目標。

（7）短期目標のさらにプチ短期目標。

などが書いてあると思います。

さらに、ここからボード作成にあたり、自分の夢実現ストーリーの図面をノートに書き出してまとめます。

【図表８　夢実現を加速するフューチャーボード　準備するもの】

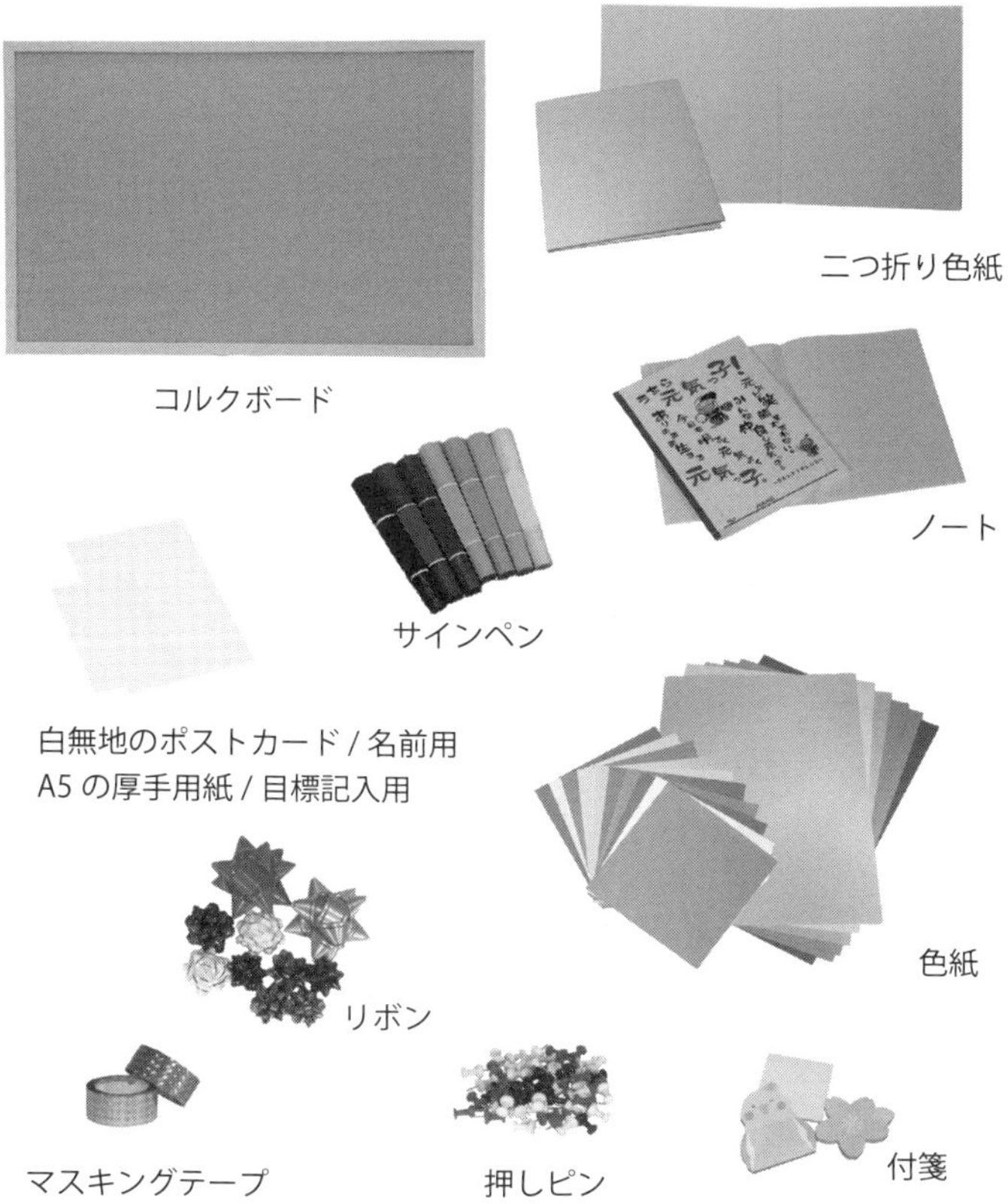

ノートのほかに、枠付きのコルクボード（450 ㎜ ×600 ㎜、600 ㎜ ×900 ㎜）、飾るのに場所が取れない時は、それ以下のコルクボードまたは、二つ折りの色紙、サインペン、押しピン、色紙、マスキングテープ、付箋、白無地のポストカードとＡ５の厚手用紙、写真、記事などを準備します。

2　人生の夢実現ストーリーの設計図を描く

ノートに設計図を描く

ノートにフューチャーボード作成のための下書きをします。ここからは、名前、目標は縦書きで書き込んでいきます。なぜ縦書きかというと、ある気功の先生とお話をしたとき、横書きより縦書きのほうがエネルギーが高いと言われました。私は、それを聞いて、横書きだと左から右に首を振る、縦書きだと上から下に首を振るので、横書きは「いやいや」↓ＮＯとなり、縦書きは「うんうん」とうなずき↓ＹＥＳとなるから縦書きにしようと考えました。

（1）左上に縦書きで名前を書く。名前は四角で囲う。
（2）名前の右隣に、自分の写真。
（3）中央に大きな夢を箇条書きで縦に３つ書く。
（4）夢は過去形（～達成しました。合格しました。など）で書く。
（5）夢に期限を入れる。（いつまでに。○年○月に。など）
（6）顔写真の位置から右回りで達成した夢の写真や記事、言葉を入れる。

ノートは設計図となるので、どんな写真や記事を貼るのか、どこにどんなメッセージを入れるのかを書き留めていきます。もちろん自分が描いた絵でも構いません。

【図表9　ノートに描く「夢実現ストーリー」の設計図】

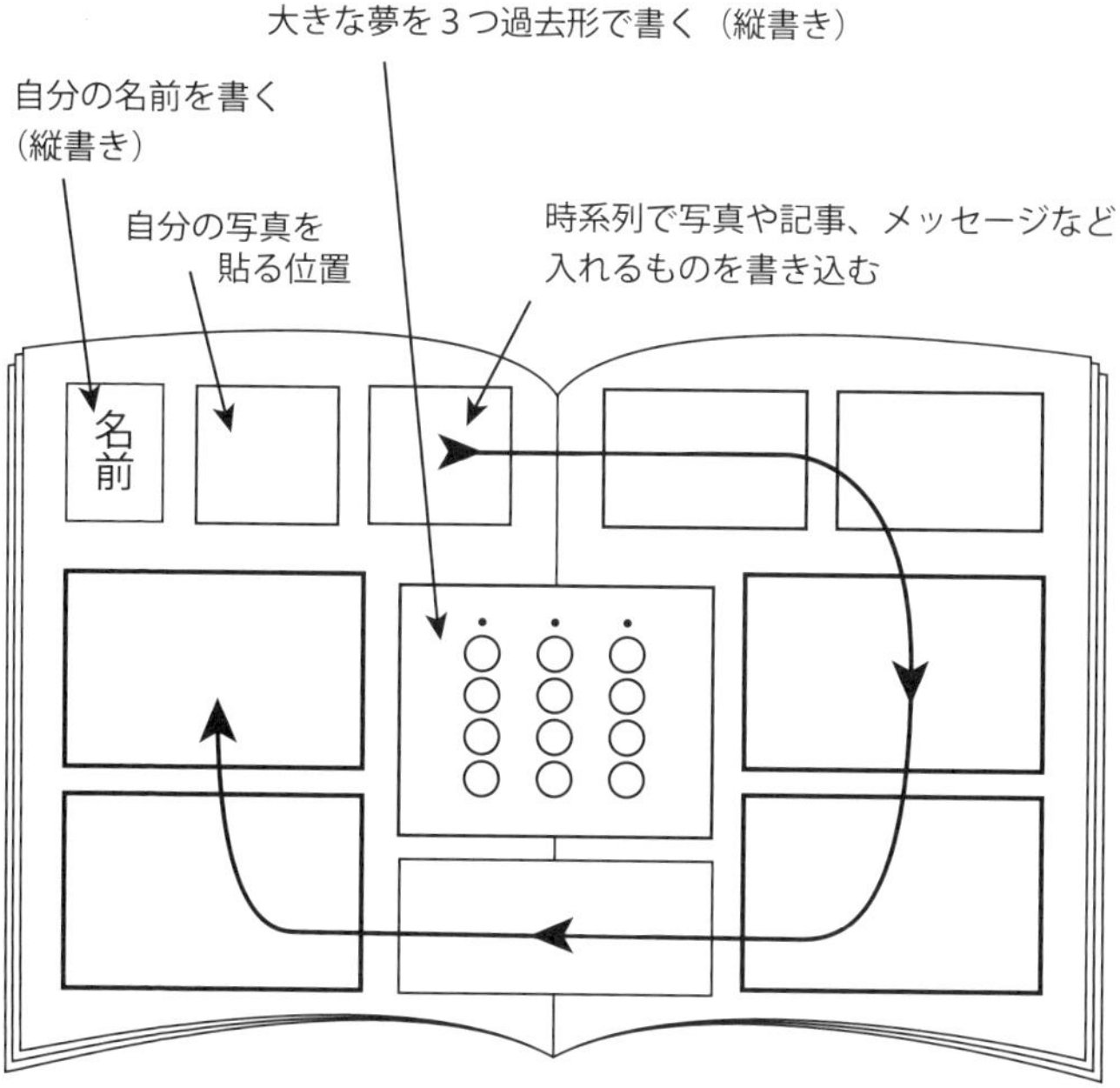

（例）
・入学したい学校の正門・校舎
・制服
・金メダル
ほか、自分の夢現実がイメージできるものを考える。

3　フューチャーボードを作成する

より未来をリアルにイメージするために

ノートに設計図ができあがったら、成功しているイメージがよりリアルに感じられるように、ボードに貼る写真は綺麗に加工したり、入学案内を取り寄せたり、実際に写真を撮りに行ったりして、さらに文字も丁寧に、自分の心を込めて、自分の夢実現のために時間を費やしてほしいところです。

視覚に訴える

人間の五感による情報判断の割合は、視覚が87％を占めていますので、文字は縦書きで丁寧に書き、写真や記事などビジュアルを重視します。

例えば夢が「○○高校に入学」であれば、その学校の正門や制服の写真を探して、印刷して切り抜きます。制服を着ている人の顔の上に自分の写真を貼るのもよいでしょう。ハワイへ行くのが夢であれば、ワイキキビーチの写真を探したり、旅行会社からパンフレットを入手したりもできます。

将来、高級車に乗りたい人は、欲しい車種の写真を探して、その車の前に立っている自分の写真を貼るのもよりリアルになります。

それでは、準備が整ったらフューチャーボードを作成していきましょう。

【図表10　中学３年女子のフューチャーボード】

【図表11　夢実現を加速するフューチャー講座】

高校生対象

中学生対象

小学生発表風景

４　フューチャーボード完成

視覚に訴える効果的な場所選び

ボードは常に自分が一番長くいる場所に飾ります。学生の皆さんは、勉強机の自分の目線の高さに置く人、リビングでの滞在時間が長い人はリビングの視界に入る場所に置く人など様々ですが、毎日、最低でも朝晩必ず視界に入り、自分が落ち着いて、考え事や瞑想のできる場所が適しています。

その他に、デジタルカメラや携帯カメラで、完成したボードの写真やボードを持っている自分の写真を撮ります。プリントアウトして自宅の視界に入る場所に貼ったり、携帯電話の待ち受け画面にしたりして、常にいつでも見ることができるようにします。

貼る場所で多いのが、天井とトイレです。天井はベッドで仰向けに寝たときの目線の位置に、トイレは便座に腰かけた目線の先に貼ります。その他に階段の踊り場や上った正面の壁などもあります。

常に目につくような工夫をしよう

外出時も携帯の待ち受け画面にしたり、ノートに張りつけたりして、常に見ることができるようにします。夢実現ストーリーを一日に何度も視覚から潜在意識へ刷り込んでいきます。

準備ができたら夢実現に向けてスタートしましょう。

【図表12　視覚に訴える効果的な場所】

勉強机の前

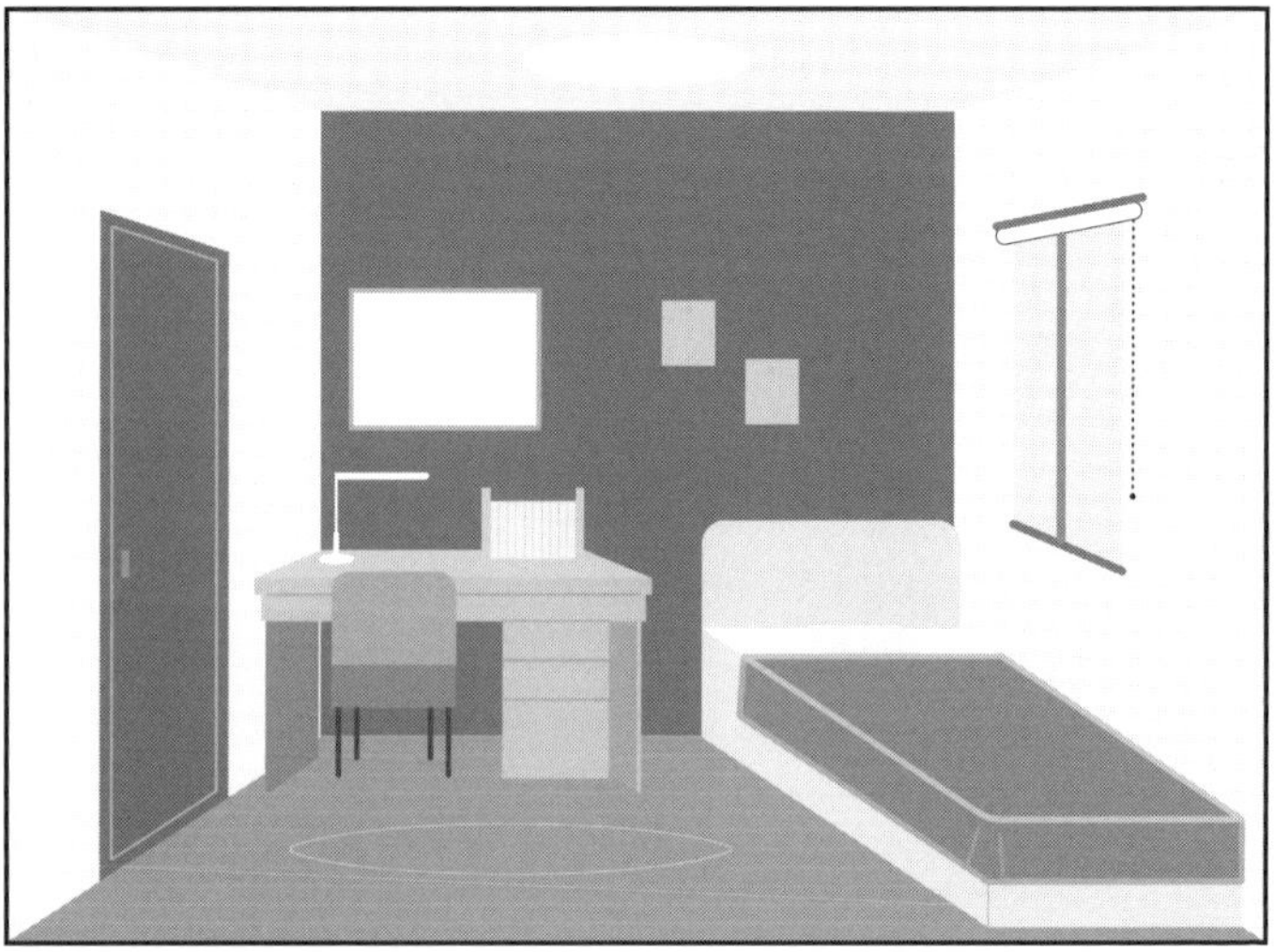

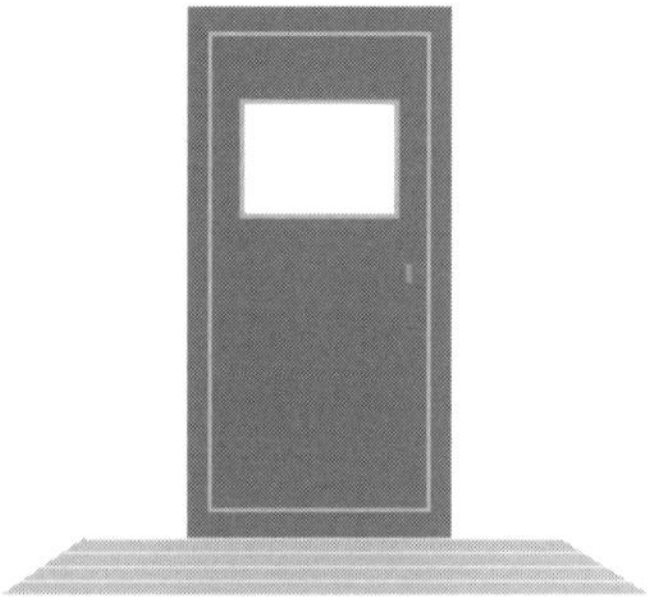

ドアの目線の位置

携帯電話

5　常にメモを取ろう

飾って終わりではなく、ここから始まり

フューチャーボードが完成して、視界に入るあらゆるところに貼り、ここからが夢実現のスタートです。ノートはこれからも活用するので、表紙に「夢実現を加速するノート」と大きく書いて、できるだけすぐ書き込めるように持ち歩きます。

ノートがかさばるときは、携帯のメモにすぐ入力しますが、基本的に書くという行為が大切です。

書くことで脳を活性化しよう

最近では、スマートフォンやパソコンで文字を打つことが増えてきて、文字を書くことが減ってきています。脳も筋肉と同じで使わないと衰えていきます。また、いつも変化がなく受動的な生活は、脳への刺激も少なく考えることも減ってきます。

スマートフォンやパソコンは、文字の変換も一瞬で便利ですが、自分で考えて文字を選ぶこと、書くことは脳を活性化します。文字を書くという動作で触覚を使いますし、文字を見るので視覚も使います。また、文字だけではなく絵を描くことで、ストレスも解消でき、いつも使わない右脳を使うので脳もリフレッシュされます。

直感はメッセージ

直感とは、なんとなく肌で感じ取る感覚、説明や証明を経ないで、物事の真相を心で直ちに感じ知ることを言います。

私たちは朝起きた瞬間から寝るまで「選択」の連続です。迷ったとき、すぐ選択をしなくてはならないとき、右に行くか左に行くか、そんなときは直感で判断していることもあると思います。

この直感の力、いわゆる直感力が優れていれば、的確な選択や判断ができ、よい結果につながっていきます。この直感は、何もないところから浮かぶのではなく、考え抜いた結果、ある瞬間に浮かぶものです。その直感は、いつ湧き出るかはわかりません。

直感はあなたへの貴重なメッセージです。直感に敏感になってみて、すぐメモを取れるようにしましょう。瞬時に感覚で正しい選択ができるよう直感力を鍛えていきましょう。

直感力のある人

直感力がある人に共通しているのは、私は次の4つだと考えます。

(1) 自信を持っている。
(2) 集中力がある。
(3) 切り替えが早い。
(4) 常識にとらわれない。

自信を持っているから、自分の直感を信じて決断します。また、集中とリラックスが上手で、ここぞというときの集中力はすさまじいものがあります。そして、気持ちの切り替えが早く、ポジティブに物事を考えます。考え方も常識にはとらわれず、柔軟な発想をします。

アファメーション法を活用したり、呼吸法や瞑想、腕ふり体操を活用したりして、直感力を鍛えていきましょう。

6　自分をマネジメントしよう

セルフマネジメント

マネジメントとは管理するということです。そこにセルフが付くと、自分を自分自身で管理するという意味になります。これから夢実現を加速していくためには、自分自身を律する能力が必要となります。

夢実現のために設定した長期目標・中期目標・短期目標を確実に実行していくための毎日の行動のコントロール、感情のコントロール、１日のスケジュール管理も含めて、自分で管理していく能力を身につけましょう。すぐにはできなくても日々意識をしていくことで能力はついていきます。

セルフマネジメント能力を身につけると、周囲に流されることなく自分のやるべきことに集中することができます。またゴールに向けて着実に進むことができます。

自分で考えて行動しよう

ここで重要なことは、自分で考えて行動するということです。当然、友達からの誘いやいろいろな誘惑がありますが、周囲に流されることなく自分で判断して、断る勇気も持つことです。すべてを断るというのではなく、今、必要か、または無理はしていないかを自分で考えて判断するということです。そして、すべては他人のせいではなく、自己責任であるという考え方を身につけていきましょう。

何でも周囲の人や保護者にやってもらっている人、自分で判断して行動できない人は、失敗したとき、思うようにいかなかったときに、必ず誰かのせい、何かのせいにします。こういう考えの人は何をやっても同じことを繰り返します。果たして、それでよいのでしょうか？　自分の人生は自分で決断して、自分の責任で生きていったほうがいいと思いませんか？

夢実現を目指しますが、生徒・学生であれば、本業の学業があります。やりたいことには意欲的で、勉強は受け身ではなく、文武不岐で相乗効果を目指していきましょう。

夢実現ストーリーのチェックをしよう

ＰＤＣＡサイクルで自分の夢実現ストーリーをマネジメントします。ビジネス界ではもう古いという声もありますが、夢実現ストーリーにはＰＤＣＡサイクルは使えると思います。

このＰＤＣＡの Plan（計画）↓ Do（実行）↓ Check（評価）↓ Action（改善）のサイクル

を繰り返し行っていきます。定期的にチェックをして、改善すべきところは改善します。

フューチャーボードに書き込んだら変えることができないということはありません。ノートの長期目標・中期目標。短期目標も同様です。

心と時間のゆとり

セルフマネジメントでは、心や時間にもゆとりを入れます。心や時間にゆとりがなくなると、精神的に追い詰められた状態になりますし、心身の疲労があるときは、よい考えも浮かんできません。せっかく自分で決めた夢に向かっていてもバーンアウトしてしまっては何にもなりません。バーンアウトとは、「燃え尽きる」という意味です。「燃え尽き症候群」ともいい、心や身体の疲労によって、疲れ果ててしまう状態です。

自分の趣味である読書の時間を入れるとか、ゲームをするとか、自分がストレスの発散ができて、心がゆったりできることを１日か週または月の単位で組み込むことも大切です。１日の中では、もちろんここまでで紹介した腹式呼吸や腕ふり体操も心や身体の疲れを解消することに役立ちます。

ゆとりのないスケジュールは、どこかで疲労が蓄積したり、モチベーションが下がったりしますので、ＯＮ（やるとき）とＯＦＦ（休むとき）の切り替えができるように考えていきましょう。

ＯＮ（やるとき）とＯＦＦ（休むとき）の切り替えができる人は、セルフマネジメント能力が高いと言えます。

セルフマネジメントが上手な人は成功する

有名なプロスポーツ選手が、小学校の卒業文集の「将来の夢」でどんなことを書いていたかご存じですか？　特に元メジャーリーガーのイチロー選手の卒業文集は有名です。私も何度もいろいろなところで取り上げられているのを目にしています。

彼は、すでに小学生のときに、一流のプロ野球選手になると宣言しています。そして、そのためには中学・高校でも全国大会で活躍しなければならないこと、活躍できるようになるには練習が必要であることを書いています。３歳から野球を始めて、小学３年生からは３６５日中３６０日は激しい練習をしており、１週間の中で友達と遊べる時間は5～6時間しかなく、それだけ練習しているのだから必ずプロ野球選手になれる自信があるとも書いています。そして、ドラフト時の契約金も具体的に１億円以上とも書いています。

プロゴルファーの石川遼選手は、２年後、３年後、４年後、６年後、８年後とより具体的な夢を書いています。そして、マスターズでは２回勝ちたいので、ライバル達の倍の練習が必要とも書いています。

サッカーの本田圭佑選手は、世界一のサッカー選手になると断言しています。そして、世界一になるには、世界一練習しないとダメだとも書いています。

彼らは、小学生のときに壮大で具体的な夢を描き、ほとんどその通りになっています。それは、明確な夢に向かって、幼い頃からセルフマネンジメントをしっかり行ってきた結果だと思います。

第5章　夢実現を加速するコツ

1　夢実現を加速するための日課

夢実現日記を書こう

第2章の最初に「自分とのミーティングをしよう」があります。毎日、就寝前に自分だけの時間をつくり、その日を振り返ること、翌日のスケジュールの確認とイメージリハーサルをおすすめします。「夢実現を加速するノート」を日記にも活用して、ほんの3行程度でもかまわないので、書くことを習慣化することが大切です。

私のスクールでは、「元気ノート」を全員に配布しています。中学生のノートには、3食の献立、間食の有無、体重と体脂肪率、自主練習の内容、その日の反省と毎日書けるようになっています。しかし、スペースとしては、大学ノート2ページで1週間分なので、書く量としてはわずかです。開校以来「元気ノート」は配布していますが、その時々で、記入する項目を変えて今日に至ります。

そのノートは、週末に提出なので目を通しますが、ノートにもその選手の今のモチベーションや心の状態、家庭での生活が読み取れます。字が乱れている、提出のためにまとめて書いている、自主練習が適当な場合と、その逆に最近気持ちが入っている、字が落ち着いている、自主練習の内容が詳細に書かれている場合と、やはりグランドでの様子と一致します。

あくまでも自分のためのノートです。「やる気スイッチ」が入った人、地道に毎日時間を惜しまず書いている人は伸びていきます。部活の顧問時代から数多くの選手のノートを読んできましたが、本気度の高い選手は、ノート1つとっても真剣に取組み、夢実現を達成していきます。

腹式呼吸をしよう

いつも時間に余裕がなく、朝からバタバタしている人がいますが、心と時間にゆとりを持つためにも呼吸法をおすすめしています。日々の生活の中でも急いでいたり、緊張していたりと、そんなときは呼吸が浅くなっています。もちろん重心も高い位置にあるので落ち着きません。呼吸が浅いということは、身体の隅々まで酸素が届いていない状態です。その状態では、脳にも十分な酸素が運ばれないので、冷静な判断力を欠きます。

腹式呼吸で、丹田に手を置き、そこに酸素が集まるイメージをします。気持ちもどっしりと丹田に落ち着くので、重心も安定します。

大会や発表会に向けて、呼吸法でリラックスと集中を高めていきます。当日、焦ることがないように日常から早起きをして、ゆったりと深い呼吸からスタートします。

ほんの1～2分でできることなので、これだけで1日が気持ちのよいスタートとなります。

どこでもできるアファメーション

第7章のビジュアライゼーションの中にアファメーションがあります。アファメーションはポジティブな言葉で自己暗示をかけていく方法です。詳細は、第7章の第4項をご覧ください。

アファメーションは、どこででもできます。移動の最中、休憩時間など、自分の心の中でつぶやいたり、声を出して自分に語りかけたりします。

習慣化することで、どんなときも自分に自信が湧いてきます。

2　ありがとうの習慣化

ありがとうとは

あなたは「ありがとう」という言葉を1日に何回言っていますか？「ありがとう」とは、感謝の気持ちを表す言葉です。「ありがとう」を漢字で書くと「有難う」となります。何十年も前になりますが、「ありがとう」を漢字で書くと「有難う」だということを知りました。

この漢字の組み合わせは、「有る」ことが「難しい」となります。有ることが難しいということは、珍しい、滅多にないともとれます。ということは、「当たり前ではない」ともとれます。

私の勝手な持論ですが、目の前で起きていることは、当たり前ではないのだ、だから「ありがとう」と感謝の気持ちを伝えるのだと思っています。

20年近く前に、友人の紹介で、故小林正観さんのセミナーに参加しました。とにかく「ありがとう」を言おうという内容でした。「ありがとう」と言うことでいろいろな奇跡が起きているとセミナーや著書で紹介されていました。後に、友人からの依頼で、故小林正観さんのセミナーを2回程主催したこともあります。

「ありがとう」と言うことで、なぜ奇跡が起きるのかは、よくわかりませんが、当時、そんなによいことであれば、何でも「ありがとう」と言おうと決めて実践しました。乳がん第四期で入院したときも毎朝、トイレ掃除と「ありがとう」を３０００回言っていました。理屈ではなく、よいと自分で思えばやってみようただそれだけです。

たしかに自分自身がどちらかというと、お礼の気持ちを伝えるときに「すみません」と言うことがあると気づき、「ありがとう」に変えました。やはり、「ありがとうございます」「ありがとう」と言うほうが、自分も心地よく感じるようになりました。

今では、嫌な出来事があったときも「ありがとう」に変わりました。それは、気づかせてくれてありがとうという意味です。「ありがとう」は5秒間に10回言えます。ということは、１分間に１２０回言うことができます。何か嫌なことがあったとき、苦手な人と会うとき、今この瞬間が早く終わってほしいときなど、あるゆるネガティブなときに、「ありがとう」を心の中か口に出して言うと気持ちが楽になってきます。

私は、注射が大嫌いなので、そんなときは心の中で「ありがとう」と連呼しています。「ありがとう」と言ったから痛みが和らぐとは限りませんが、意識が「ありがとう」と言うことに向くので、気分的に楽になっています。また、嫌な出来事のときにも「ありがとう」と言っています。

メンタルの振り子

特にお母さん向けの講演会のときに、ポジティブな言葉を使いましょうとお話しますが、以下のようなこともお話しています。

「主婦がランチや井戸端会議で、結構ご主人の愚痴を言っていますよね」と聞くと、皆さん、笑いながらうなずきます。

「絶対、愚痴を言ってはいけないとなると苦しいですよね。だから、愚痴を言い終わった最後に、でも、こうしてランチできるのも主人のおかげ、ありがとう。と感謝で締めくくってみましょう。そうすると、愚痴を言っているご本人も聞いている皆さんも不快から快の気分で終われますよ」とお話しします。

不快な気分から快な気分に振り子のように振れます。これがメンタルの振り子です。

3　片づけと掃除で運気上昇

片づけと掃除をするとなぜよいのでしょうか

断捨離と片づけがブームとなりましたが、余分な物は捨てるか、必要な物でもすぐ使わないのであれば片づけると部屋は広くなります。掃除をすれば、ごみもほこりもなくなり、快適な空間になります。整理整頓ができる人は、仕事ができるといわれますが、整理整頓がされていれば、探すという無駄な時間は発生しないし、物がなくなることもありません。

有名人がトイレ掃除を重視している

何年も前の話ですが、元サッカー日本代表の槙野智章選手があるテレビ番組に出演したときに、トイレの便器を手で洗っていると発言したことがあります。また、メジャーリーガーの前田健太投手が、日本球界在籍のときに、試合前日と当日のルーティンで必ずトイレと風呂掃除をしている光景をテレビで観た記憶がありますが、メジャーに移籍しても続けているそうです。

高校野球界でもトイレ掃除を率先して行っている高校が多く、メジャーリーガーの大谷翔平選手、菊池雄星選手も高校時代に行っていたそうです。

企業人では、イエローハットの創業者鍵山秀三郎氏の「掃除」は有名な話です。現在は、ＮＰＯ法人「日本を美しくする会」の創唱者で相談役だそうです。

また、植村花菜さんの「トイレの神様」という歌が大ヒットしたこともあります。

環境を整えると、運気が上がるという話

よくトイレや台所、洗面所などの水回りには、邪気が滞るからいつも掃除をしてきれいにしたほうがよいと言われます。また、家の風通しをよくすると、よい気が流れるともいわれます。

これは古代中国の思想である「風水」から来ているのかもしれません。「風水」とは、「気」の力

を利用した環境学だそうで、環境が運を決めるというのが基本的な考え方のようです。

単純に、環境を整えると運気が上がると思えば、片づけや掃除は自分でできるので、やっておいたほうが得だと私は考えます。

前述した有名人がトイレ掃除をするというのは、運気を上げたい、結果を出したい、試合に勝ちたいというゲン担ぎでもあるようです。

高校野球や学校でトイレ掃除に力を入れている理由には、感謝の気持ちを持つこと、自分の心を磨くこと、奉仕の心を養うことなどもあるようです。

なんにしても環境を整える、きれいにすることで、達成感と清々しい気分になることは、誰でも経験したことがあると思います。

4 出来事さんと呼ぼう

ネガティブな感情がもたらす不健康

毎日の生活の中で、大なり小なりよい出来事、悪い出来事が起きます。よい出来事のときは喜び、幸せの感情が湧き、悪い出来事のときは、不安、恐怖、怒り、嫉妬、イライラ、悲しみなどの感情が湧いてくると思います。

喜びや幸せの感情が湧くと、「幸せホルモン」と呼ばれるセレトニンやオキシトシンが分泌されます。それとは逆に、怒りの感情が湧くと、「闘うホルモン」と呼ばれるノルアドレナリンが分泌されます。「幸せホルモン」が分泌されると、やる気や幸福感につながりストレスにも効能があります。

「闘うホルモン」が分泌されると、自律神経の交感神経が優位になり、この状態が続くと体調不良につながるので、悪い出来事が起きたとき、瞬時に「頭にくる」「腹が立つ」と感情的にならないように、ゆったりと腹式呼吸をして落ち着かせましょう。

出来事の受け止め方

特に悪い出来事のときに、誰かのせいにしたり、何かのせいにしたりしないで、なぜこの出来事が起きたのかを考えてみましょう。

私は、起きた出来事のことを「出来事さん」と呼んでいます。その出来事だけを見ると一喜一憂しがちですが、とても自分にとって嫌な出来事でも「なぜ、このタイミングでこうなったのかな」「これはどういう意味かな」と客観的な視点で考えます。そして、結果的には、気分的にはとても嫌な出来事だったけれど、自分にとってよかったんだ」と理解できます。

起きた出来事を「出来事さん」と客観的に捉えて分析していくと、そのときは辛くても必ず好転していきます。ただの出来事と捉えて感情的になっていると、いつまでもその感情が残ります。

過去も変えられる

さらに、数年後に振り返ってみると、出来事が起きたときは辛かったかもしれませんが、「出来事さん」として客観的に捉えて前進していけば、「あの出来事があったから今がある」「あんなこともあった」と笑って言えるようになります。これで過去が変わりました。

感謝の気持ちが大切

よい出来事にも悪い出来事にも必ず意味があるので、出来事に「ありがとう」という感謝の気持ちを持つと、よい出来事が増えます。というのは、自分の受け止め方が感謝に変わったので、自分が変われば出来事も変わります。

5　アウトプットしてみよう

プラスの発信をしよう

仲間同士で話をするとき、グループ発表やチームでのミーティングのときは、プラスの発信をしていきましょう。人はどちらかというと、マイナスなところに目がいきやすくなります。マイナスに目を向けるのではなく、他人のよいところ、上手にできたこと、例えばヘアスタイルを変えたなど、どんな些細なことも気づくようにして、プラスの声掛けを心がけます。

そのように意識して周囲を見ることで、今まで見逃していることに気づくことができたり、新たなことを発見したりできるようになります。相手も気づいてもらえて、プラスの言葉をかけてもらうと嬉しいし、モチベーションも上がります。

目配り、気配りをしながらプラスの声掛けを心がけることで、他人との良好なコミュニケーションがとれるようになりますし、あなたの周囲には、人が集まってくるようになります。

常に自分の夢を語ろう

夢実現を加速するためには、自分の夢を語ることです。自分一人で黙々と努力するべきところもありますが、自分を取り巻く人に、自分の夢を語ることで、あなたの夢に共感してくれる人を増やします。そうすることで、あなたの夢を聞いた人は、あなたに必要なこと、会わせたい人など、あなたの夢実現のためのアンテナを張ってくれるようになります。

人と会うたびに口癖のように夢を語ります。常に語ることで、多くの人に伝わるだけではなく、自分の潜在意識にも刷り込まれますし、夢の内容がブラッシュアップされていきます。

あなたの夢に反対している人がいても、そういう人もいると理解だけはしておき、共感してくれる人に語りましょう。また、同じような夢を持った人と語り合うことで、知らなかった情報を得る場合もあります。お互いに夢が実現したイメージを持って、ワクワクしながら語り合うことで、より夢実現に近づいていきます。

会話の中で話していると舞い込んでくる

私は、自分が実現したいことがあると、会う人には会話の中で必ず話をします。例えば、「今度、こんなイベントをするけど、○○が得意な人はいないかな？」、「庭を何とかしたいけど誰かいないかな？」と何気なく話すだけで、「知り合いに聞いてみる」とか「それなら私が手伝えるよ」とか、必ずと言っていいほど応援者が見つかります。

多くの人たちが応援してくれるので、自分の夢やしたいことをどんどんアウトプットしていきましょう。

6　非認知能力を養おう

非認知能力とはどんな能力

認知能力とは、一般的に知能検査や学力試験、偏差値のように点数や指標などで表す能力のことです。それに対して、非認知能力とは、検査や点数などでは表せない目に見えない能力のことをいい、感情や心の働きに関連する能力のことです。

例えば感情をコントロールする、他人とうまく関わる、優しさや思いやりを持つ、諦めずに粘り強く努力する、想像力があるなど、数字では表せない能力のことです。

日本でも、非認知的能力が注目され始めました。２０１７年3月に改訂された「学習指導要領」

には、その内容が組み込まれ、学習指導要領に合わせて保育所保育指針・幼稚園教育要領も改定されました。

これからのＡＩ時代には、非認知能力がより重要になります。なぜなら、ＡＩが年々進化しているので、暗記型の知識は重要ではなくなっていくからです。

また、先が読めない不透明な時代には、人間関係もさらに複雑になります。そんな世の中をよりよく生き抜く力が必要となります。

自分を律していこう

自分を律するとは、「自分をコントロールしましょう」ということです。私たちの生活の中には、様々な誘惑があります。

例えば「ダイエット中なのに、目の前に甘いお菓子があって食べたい」、「テスト勉強をしなくてはいけないけど、マンガが読みたい」など自分の心の中で様々な葛藤が起きています。

しかし、自分の望む未来のために自分に厳しくなり、自身をコントロールしていくことが、夢実現を加速するためにも必要なことです。

また、社会の一員としての自律も必要です。１人ひとりの考え方も多様化している社会において、会社や団体という組織に属していなくても、インターネットの普及などで、１人で生きていけることも可能な社会になりました。だからこそ、社会ルールや規範に則って自身を律することも重要なことです。

利他の心を養おう

ここでの利他とは、自分のことよりも他人の幸福を願うということです。決して、自分を犠牲にするということではありません。他人のことも自分のことのように思うことです。「自分さえよければいい」という利己主義では、周囲の協力は得られませんし、考え方が狭くなって、判断ミスにもつながります。

自分の夢実現だけを考えるのではなく、他人の夢実現も心から応援できる人であれば、お互いの夢実現が加速していくでしょう。

7　チームの夢実現を加速しよう

チームとしての夢実現について話し合おう

ここでのチームとは、スポーツチーム、部活、クラス、サークル、グループ、団体、会社などの様々な組織を指します。そのチームの目標を全員で共有して、チームづくりをします。

まずは、その目標を話し合って決めます。そこから、目標を達成するにあたり、ゴールを長期目標としたときの短期・中期目標も決めていきます。チームを構築していくので、メンバーの個々の資質やポジションなども踏まえて、適材適所の配置でゴールを目指します。

組織としての目標達成をするためには、縦横の連携、コミュニケーションを図り、監督やチームリーダーと同じ目標で同じ方向にベクトルを合わせていきます。

もちろんメンバー個々の目標に向けた努力が不可欠で、個々の成長度合いも定期的に評価をして、ＰＤＣＡサイクルでスパイラルアップしていきます。

チームの夢実現に向けたノート

夢実現を加速するチームノートには、長期・中期・短期目標を記載して、日々の内容もどんなことを中心に記録していくのかも話し合って決めます。定期的にチームの評価をするときに活用できるような内容を考えます。

チームの夢実現を加速するフューチャーボード

ゴールが何年後の設定か、それをイメージしてビジュアル重視で作成して、メンバーの目につく所に掲げます。常にメンバーがこのフューチャーボードを見て、他のメンバーと夢を語ったりハイタッチをしたりしてコミュニケーションを図ります。また、個人のフューチャーボードと同じく携帯で写真を撮って待ち受け画面にしたり、自宅に貼ったりもします。常にメンバーと同じ夢を共有しながら、その夢をみんなで実現するという思いを持ち続ける工夫をします。

【図表13　チームの夢実現を加速するフューチャーボード】

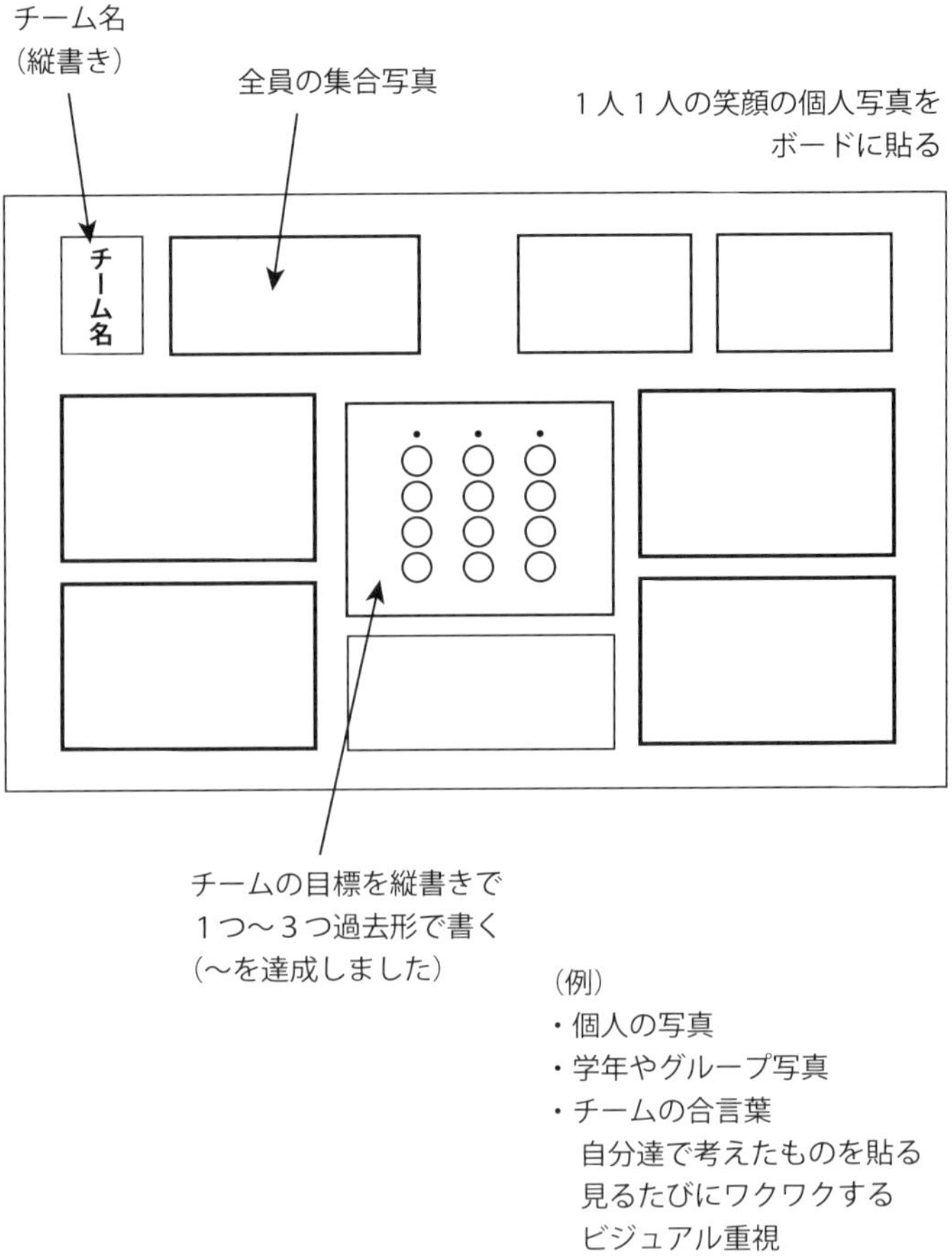

第6章　強く願うビジュアライゼーションのコツ

1　ビジュアライゼーション

ビジュアライゼーションで想像力を高める

ビジュアライゼーションとは、本来見えない事柄や現象を頭の中で可視化（イメージ）することです。イメージだけでなく、画像、図表、データなどにして可視化することを指す場合もあります。

ここでいうビジュアライゼーションとは、簡単に説明すると、自分がこんな夢を実現したいという未来を思い描いて、頭の中で映像化することで、思い描いた未来に近づくことができるというものです。

ビジュアライゼーションとイメージトレーニングは同じではないという考え方と同じであるという考え方があります。すでにイメージトレーニングというと、なんとなくイメージするとか漠然とイメージするとか、そのような印象がついている場合がありますので、より深く可視化（イメージ）するために、あえて、ここではビジュアライゼーションと表現します。

私が現役の頃は、メンタルトレーニングやイメージトレーニングという言葉は聞いたこともなく、せいぜい大学の心理学で自律訓練法を知ったくらいでした。それもある先輩が、いざというときにミスをしてしまうので、それを克服するために、心理学の教授から自律訓練法を受けているというので、見学したことはありましたが、当時は興味もなかったのでピンときませんでした。

そんな時代だったので、メンタルトレーニングやイメージトレーニングの専門家に出会わなくても自分自身がいろいろな工夫していました。

例えば、毎晩、自主練習で素振りをするときも、対戦するチームの投手を想像して、よりリアルに、対戦チームのユニフォームを着た投手の顔の表情からセットポジション、そして、リリースまでを目の前で映像化します。手から離れたボールが回転をしながらコースに向かってくるスピードもイメージしました。その状況のイメージがはっきりできたら、相手バッテリーの配球も想像して、素振りをします。素振りというより想像上での対戦です。

その想像上の対戦では、インコースは左中間へ、アウトコースは右中間へボールが飛ぶイメージをしました。不思議とこの対戦を繰り返していると、ボールがバットに当たった瞬間のボールの縫い目とバットからボールが離れていく瞬間が見え、当たったときの手への感触も感じられるようになりました。ここまでは、打席での想像上の対戦です。

よりリアルにリハーサル

次に、大会が近づくと、大学生にとって一番重要な全日本大学選手権の決勝戦を想定して、１球目インコースの低めのボール、２球目アウトコースのストライクボールを右中間にツーベースヒット、そして、２塁走者がホームインしてサヨナラ勝ちをして、みんなでホームベースに駆け寄って喜び合うというストーリーをつくって、そこまで演じ切りました。

これはイメージリハーサルと名づけ、本番のリハーサルをしていたことになります。1人でバットを振りながらニヤニヤしていても、夜だから通行人には気づかれませんでしたが、今考えると自分ながら笑えてきます。

また、イメージトレーニングの1つとして、アファメーションもしていました。当時はこれをアファメーションと言うとは知りませんでしたが、アファメーションとは、夢を実現している自分を言葉でもイメージを上げていくものです。自分自身にポジティブな言葉を投げかけていきます。

私の例では、常に自分自身に「よく打った」「チャンスに強い」と言っていました。大会の前日には、遠征先の宿舎で後輩の所に行き、「明日は打って点を取る」と言い、後輩にとっては、緊張感でピリピリした雰囲気の中で、何と答えたらよいのか迷惑なことを他人にも言い、根拠のない自信を振りまいていました。今思えば、これがアファメーションだったのです。

結果的に、最大のライバルとは2回戦に当たり、それが事実上の決勝戦となり、初回ライトへのヒットで2打点、延長戦では、ツーアウト1塁・2塁で左中間への2塁打でサヨナラ勝ちをして、ホームベースのところで、みんなで喜び合いました。いつもこの光景をイメージしていたので、現実か非現実か区別できない体験でした。おかげで全国6連覇を達成することができ、最高学年の役目を果たすことができました。

この私の実体験は、自分で考え出したものですが、専門家がいない時代でもアスリートや音楽家、医師、経営者、あらゆる人が自分なりのイメージトレーニングを工夫していたと思います。

実現した自分をイメージ

まだ現実化していない非現実を自分の中で映像化します。例えば私が教員のときのことです。あるとき「もっと多くの人に関わりたいから教員を辞めて、数年後には社長になろう」と思いました。そして、食卓の椅子の1つを真っ黒なひじ掛けのついた社長が座るような椅子に変えて、目の前には「社長になる」と書いた紙を貼り、食事のたびに眺めていました。その椅子に座っているときは、社長の気分でした。

まだ、具体的に何をする会社の社長という考えはありませんでしたが、現実に着ている服は、スポーツウェアでも想像上はスーツ姿で、社長室の椅子に座り資料に目を通している自分をイメージしていました。その1年後に中間管理職になり、毎日スーツ姿になり、さらに数年後には退職、独立、会社社長となりました。

さらに、長年高校の専任教師の経験はあったものの、大学の非常勤講師の経験がなかったので、大学の非常勤講師になってみたいと想像したら、その1週間後に非常勤講師の話が舞い込みました。これからは講演会の講師として多くの人に出会って笑顔になってもらおうと演台でマイクを持って講演をしている姿をイメージしたら講師の話をいただいたり、人と出会うと言っても限界があるから本を出版して多くの人に読んでもらおうとイメージしたら出版の話をいただいたり、とこういう体験が数多くあります。よりリアルに強くイメージすることで、現実に引き寄せることが可能となっていきます。これを「引き寄せの法則」ともいいます。

ＶＲ（バーチャルリアリティ）

今は、専門家も増えましたし、技術的には、仮想現実も現実かのように体感させるＶＲ（バーチャルリアリティ）によって、ＶＲヘッドマウントディスプレイを付けて、仮想現実の中で練習をすることもできるようになりました。プロ野球の球団でも相手投手の過去の投球内容をＶＲで再現してトレーニングをしていますし、オリンピック日本代表の女子ソフトボールチームもＶＲを導入して、アメリカ代表投手の攻略をするためにトレーニングに活用しています。

視覚を使ったトレーニング

ＶＲも視覚を利用したトレーニングですが、その他に世界初の動体視力を強化するメガネがあります。これは「ビジョナップ」といい、脳を活性化し眼筋を鍛え、動体視力・周辺視・深視力などスポーツビジョンを高め、運動神経、反射神経、パフォーマンスを向上する世界初のビジョントレーニング機器です。

世界中のあらゆるスポーツで活用されていますが、サッカーのキーパーであればボールを予測して素早い動きができる、野球やソフトボールであれば、素早い捕球ができるようになったり、ボールに対応して打率がアップしたりするなど、ビジョナップを使ったビジョントレーニングで集中力や判断力が向上し、パフォーマンスがアップします。それが自信につながりメンタル面の強化にもつながっていくと考えられます。

ビジュアライゼーションの種類

私の積み重ねた経験をもとに、独自の種類別にまとめてみました。

（１）イミテート法
（２）イマジネーション法
（３）アファメーション
（４）オブサブ法
（５）イメージリハーサル法

２　イミテート法

イミテートしよう

イミテートとは、まねる、模倣する、見習う、手本にするという意味です。上手くなりたい、成功したいと思ったら上手な人、成功者をまねることです。

私は、大学生の授業でソフトボールを指導してきましたが、男子は始業前や休憩時間には、プロ野球選手の真似をして必ず遊びます。また、真似が上手です。ゲームになるとプロ野球選手になりきって、真似をして打ったりしますが、だいたい真似が上手な学生はプレーも上手でした。

女子については、小学生・中学生、とくに高校生は長年指導してきましたが、真似があまり上手ではありません。というより、自分がどんな選手になりたいかを漠然と思っているだけで、テニスであれば、その憧れの選手がどんなフォームでサーブを打っているのか、どんなバックハンドで打つのか、どんな攻撃スタイルか、細かいところまで見てはいません。ソフトボールも同様、投手であれば、上野由岐子投手の名前が圧倒的に多く、野手になるとほとんど名前が挙がってきません。

ソフトボールは、マイナー種目なのでテレビに取り上げられる人しか知らないのが現状なので、その意識を変えることから始まります。

最初からプロやトップの模倣でなくても、身近な先輩や他のチームの上手な選手、高校生を手本にしてもいいので、観察して見習うべきところは真似してみることが大事です。

繰り返し見て、真似る

今は、インターネットで探せば、試合や発表会の動画も出てきますし、いろいろな種目のＤＶＤも販売されています。動画で繰り返し見たり、生観戦したりして、その後、練習をしてみると自分でも驚くほどのプレーができたり、今までできなかった動きがスムーズにできたりします。そのような経験はありませんか？

私の主宰するソフトボールスクールでは、トレーナーが元日本代表候補の投手なので、ピッチング指導のときに、自ら投球してもらって、ボールの握り、変化球の投げ方、ボールの軌道を選手に見せています。また、元オリンピックメダリスト投手のところにも行き、指導もしてもらいますが、手本も示してもらいます。その後に、投げるとはっきりしたイメージができるので、フォームが変わったり、ボールが速くなったりします。あとは、そのイメージの持続です。

きっかけをつくろう

ＤＶＤやネット動画もとても役に立ちますが、憧れの選手やなりたいレベルを生で見ることもおすすめします。ＤＶＤやネット動画だけではわからないこともあります。試合前の練習や本番前にどんな準備をしているのか、歩き方、しぐさ、集中の仕方など一挙手一投足を生で観察して、徹底して真似ることです。

チームや団体に所属していて、練習や練習試合に追われて、憧れの選手やなりたいレベルを生で見ることができないケースがよくありますが、そういう人は、近くで行われる大会や発表会などの情報をキャッチして、指導者にチームまたは個人で見学に行けるように相談することも大切なことです。目の前で見るほうがインパクトも強く、なりたい自分のイメージが鮮明になります。

習うより慣れよ

「習うより慣れよ」ということわざがあります。物事は他人に教えてもらったり習ったりするより、実際に経験を積んだり練習を重ねたりして、身体で覚えるほうが早く身につくという意味です。

最近は、受け身で教えてもらえるのを待っている人が増えました。自ら質問をしたり、観察をしたり、これはなぜだろうと考えたりして、自ら工夫すること。手本となる人の動画を何度も見て、真似をして反復練習をするなど、身体に覚えこませるほうが上達の近道です。

3　イマジネーション法

イマジネーションを高めよう

イマジネーションとは想像力です。想像力を高めるイメージトレーニングです。

スポーツで例を挙げると、次のようにイメージしてください。

【ベースボール型】

・投げるコースやボールの回転をイメージして、シャドーピッチングをする。

・相手投手が投げてくるボールをイメージして素振りをする。

・飛んでくるボールをイメージして、捕球から送球のシャドー練習をする。

【ネット型】

・サーブを入れる位置を決めて、ボールの軌道と回転をイメージする。

・ボールの軌道と回転をイメージして、素振りをする。

【ゴール型】

・シュート（キック）を入れる位置を決めて、ボールの軌道と回転をイメージする。

・相手ディフェンスを避けて、シュートをするイメージをする。

【武道・格闘技】

・相手に技をかけたり、攻撃をかわしたりをその場でイメージする。
・相手の動きをイメージして、パンチを繰り出したり、ステップを踏んだりする。

【体操競技・新体操・ダンスなど演技種目】

・演技を想定して、その場でイメージしながら腕や足を動かす。
・手具の交換の距離や軌道をイメージして、その場で動作だけする。

【ゴルフ】

・ホールの景色、ピンまでの距離と打数をイメージする。
・1打ごとのクラブの種類と距離とボールの軌道をイメージする。

ボクシングでは、1人で相手を想定しながら手足を動かしたり、攻撃を避けながらパンチを繰り出したり、また鏡を見ながらフォームをチェックすることをシャドーボクシングと言います。野球では、ピッチャーが実際に球を投げず、投球動作だけを行う練習をシャドーピッチングと言います。

シャドーもピンポイントで狙うにしても想像力を必要とします。相手がどんな動きをするのか、自分がどんな演技をするのか、狙いたいターゲットはどれくらいの距離でどんな軌道・回転で狙うのか、想像力を駆使して非現実をより現実に近づけることです。

スポーツ以外も同様、想像力を駆使してイメージします。

【図表14　ベースボール型】

①キャッチャーミットに向けて
　どんな回転・軌道のボールを投球するのかイメージする。
②コピーして反転させると反対のコースになる。
③実際のピッチングの際もキャッチャーミットに
　小さな点をマジックかシールでつけてその一点を目指して投球する。

【図表15　ネット型】

テニスコート

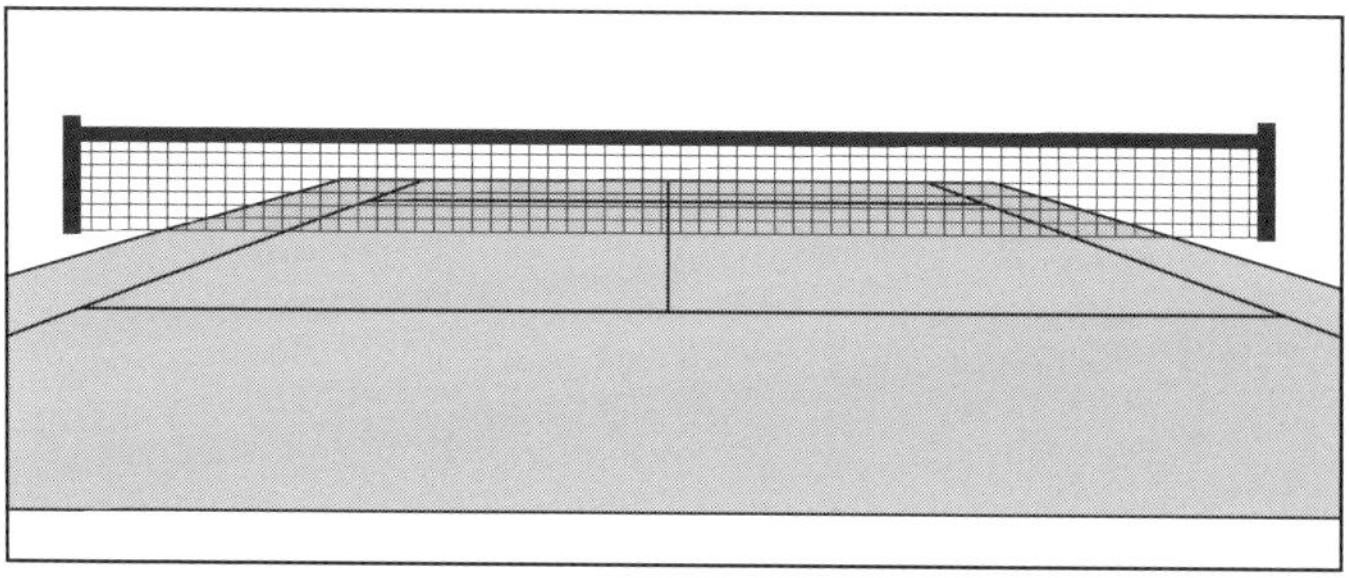

テニスコート

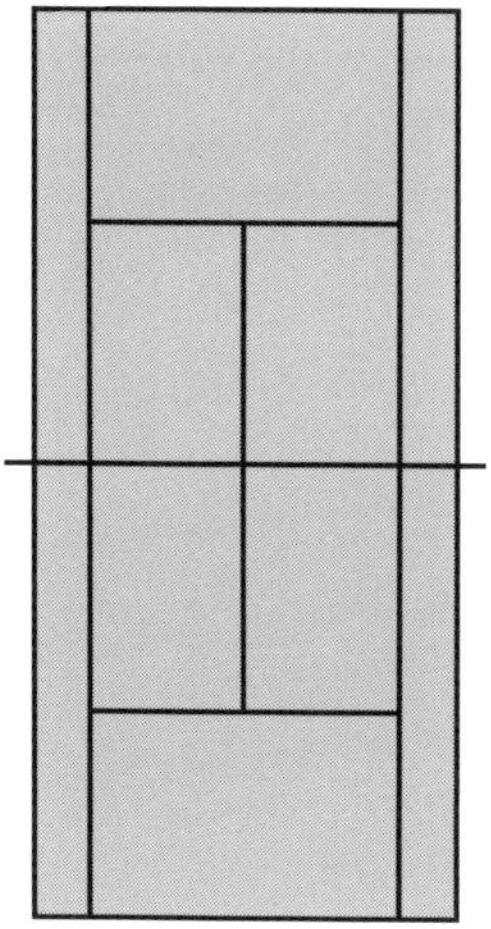

① サーブを打つ位置に立つ
② 自分の目線でコートの写真を撮る
③ 目線から見たコートと上から見たコートに、自分がどの位置にサーブを入れたいか、印をつけて、ボールの軌道・回転のイメージをする

バレーボールコート

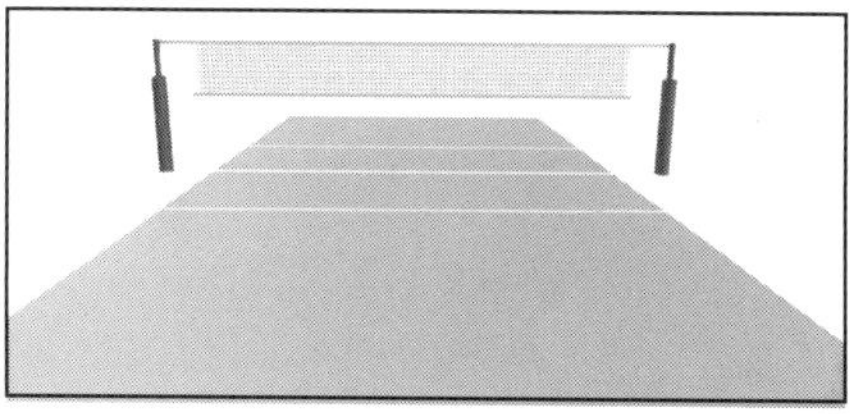

※バドミントンコートも同様

【図表16　ゴール型】

バスケットゴール

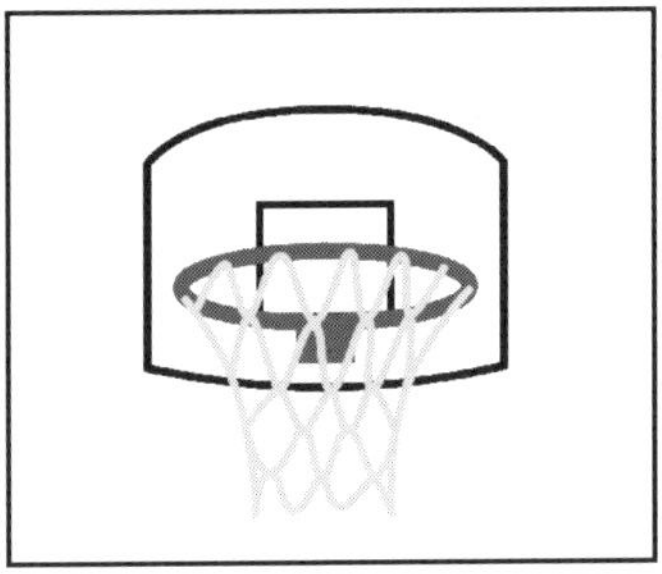

ラグビーゴールポスト

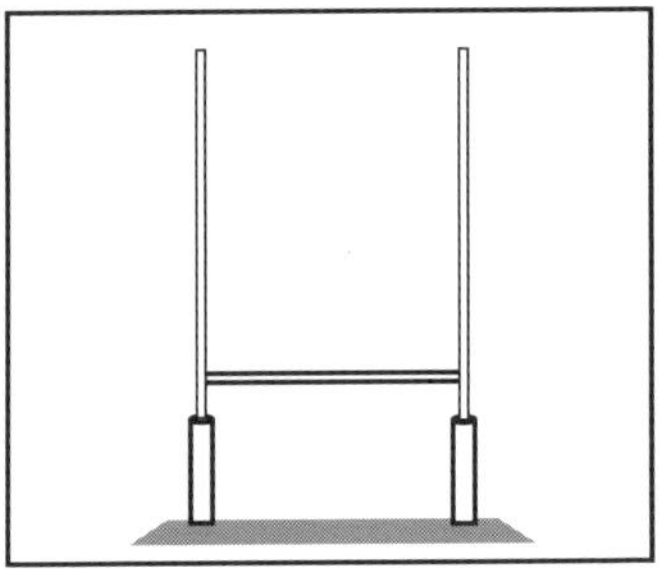

サッカーゴール

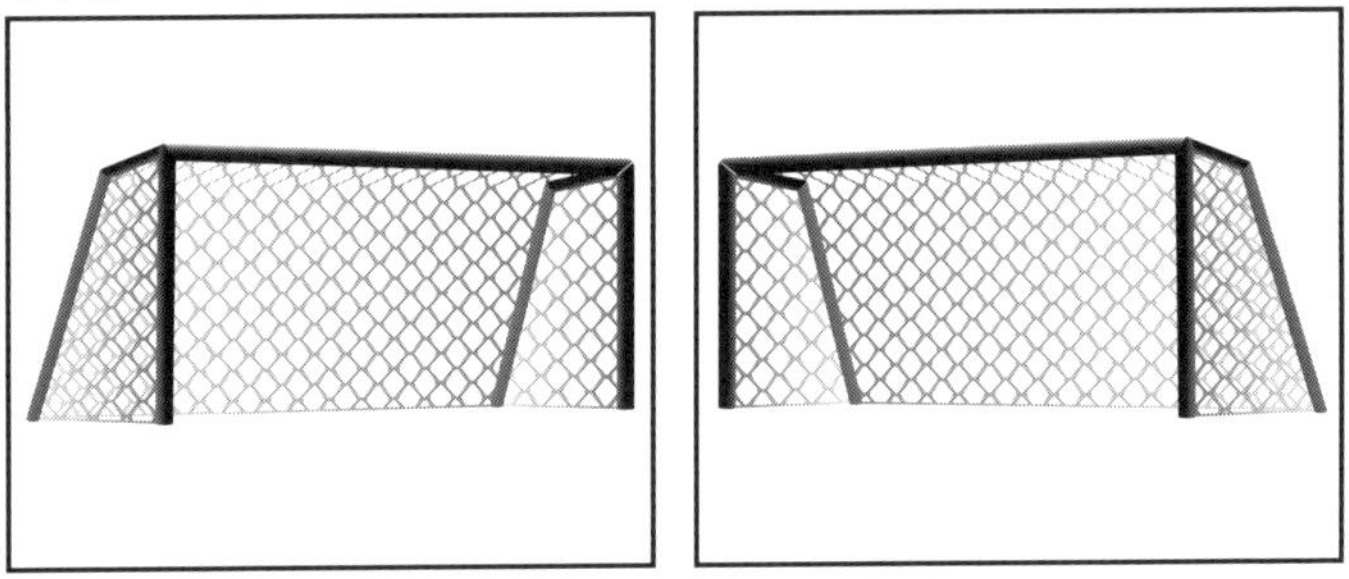

① 自分の目線から見たゴールの写真を撮る。（いろいろな角度）
② 写真を本物のゴールに見立てて　どんな 軌道・回転のシュートをどの位置に打つかイメージする。
③ ゴール成功後までイメージする。

4　アファメーション

夢実現をイメージしよう

ここでは、成功実現を成し遂げた自分を肯定的な自己暗示によってイメージすることです。優勝した自分、金メダルを首にかけてもらっている自分、表彰されている自分、合格通知を手にした自分、面接でしっかり受け答えができた自分など、目標を達成した自分をイメージする方法です。なりたい自分に合う言葉を何度も言ったり、見たり、聞いたりすることで自分自身を思い込ませていきます。

スポーツ選手が試合直前や試合中に、１人でブツブツつぶやいてる光景を見たことがあるかもしれませんが、あのシーンは、「自分にはできる」「私は跳べる」「私は素早く動ける」などと自分に合った言葉をつぶやいて、自分自身に肯定的宣言をしているのです。

これはスポーツ界に限らず、あらゆる分野で活用されています。自分が成功したい、自分自身を高めたい人にとっては役立つ方法です。自己啓発セミナーなどでもよく活用されています。

私はテニス部を指導していたときは、１人ひとりの目標も違いますし、その人がやる気になる言葉も違ってくるので、１人ずつ言葉選びをしました。

例えば「私は勝つ」と自分に肯定宣言するのでも「私は勝つぞ」、「私は勝ちます」と語尾が違うだけでもその人に合う合わないがあることを発見したので、結構大変な作業でしたが、ベストな肯定宣言の言葉を選手と一緒に見つけていきました。

アファメーションを習慣化しよう

ポジティブな言葉で自己暗示をかけていきます。

自己暗示をかけることによって得られる効果は、次の４つが考えられます。

(1) 自信がつき、ピンチにも焦らず対処できる。
(2) モチベーションを高めることができる。
(3) 自分で勝手に決めつけていた限界を超えることができる。
(4) 消極的だった行動から積極的に変わる。

このように自己暗示によって効果を得るためには、常に成功実現のイメージを持ち続けて、ポジティブな言葉を心の中でつぶやきます。もちろん声に出して言ってもかまいません。繰り返し行って、潜在意識へ働きかけましょう。

アファメーション文例

・私はすべてうまくいっている。
・私は堂々としている。

・私はいつも笑顔で明るい。
・私にはできる。
　すべてポジティブな言葉にします。
※悪い例：「私にはストレスがない」これはストレスがネガティブな言葉です。

5　オブサブ法

オブジェクティブ法

　オブジェクティブとは客観的と訳して、客観的に自分を捉える方法です。スポーツ界では、フォームを撮影して動作の解析をするのが最近では当たり前となってきました。自分のフォームを客観的に見てフォームの修正をします。テレビドラマの撮影もシーンごとに撮影した映像を監督や出演者で確認をしています。出演者は自分自身の演技を客観的に見て自身の演技に活かしています。

　今は、スマートフォンなどで簡単に撮影でき、スロー再生も可能なので、その場で撮影して、即確認をして、修正をすることができてとてもスピーディになりました。

　指導者や周囲からいつも同じ注意をされていても、自分自身はそのようにやっていると思っているとなかなか修正できませんが、実際に動画で自分の動きを客観的に見て、はじめていつも言われていることに気づくということがあります。

心理的にも自分を客観的に見るときには、他人の動きを見ているような第三者的な視点を持って見ることができるので効果的な方法だと思います。

サブジェクティブ法

オブジェクティブ法の客観的とは反対に、サブジェクティブ法は主観的となります。オブジェクティブで撮影したフォームの各部分の細かい動きをチェックしていきます。

その場で修正できても長い期間で培った習性は、そちらのほうが心地よいので、元に戻ろうとします。

例えば、野球のオーバースローで、自分では肘が肩の高さより上がっているつもりが、動画で肘が肩より下がっていることがわかったらゆっくりの動作で肘を肩の高さへ上げていき、他人に見てもらったり鏡を見たりしながら、角度を確認するという地味な動作を何度も繰り返して、身体に覚えこませます。

次に、目を閉じて同じ動作をしてみます。さらに、目を閉じたまま動作は行わないで頭の中でイメージしてみます。

このように、オブジェクティブ法（客観的）からサブジェクティブ法（主観的）に連動してイメージトレーニングをすると効果的ですが、サブジェクティブ法は、何度も繰り返しのトレーニングになり、地道な作業のため長続きがしないことが多いです。

しかし、サブジェクティブ法の冒頭にありましたが、長年の習性は簡単には変わらないので、修正ができるまで、この作業は時間をかけてほしいものです。

スポーツ以外のことに関してもオブジェクティブ法（客観的）からサブジェクティブ法（主観的）に連動してイメージトレーニングをすると効果的です。セリフや振り付けが常に同じところで間違えてしまうのであれば、その部分の反復練習をしてから、目を閉じて自分が成功しているシーンを浮かべながら頭の中で再現してみます。

6　イメージリハーサル法

本番をイメージしてみよう

スポーツ選手であれば今まで使ったことのない会場、演劇やダンスなどの発表であれば初めての大きなホール、そして、大勢の観客となると、緊張してしまい自分の持っている力が発揮できなくなるということがあります。終わってみれば、いつもの半分の力も発揮できなかったり、ミスを連発したりとメンタルが崩れてしまう人が見受けられます。

どんな人でも、対戦相手や記録との戦いではなく、自分の不安な心との戦いに勝つことが重要です。そのために、本番でリラクッスして、自分の力が存分に発揮できるための準備をします。

イベントや体育祭などにリハーサルがあり、前日や数日前に行われているはずです。イメージリハーサルは、もっと前から繰り返し大舞台で結果を出すために行います。

イメージリハーサルをしよう

初めての会場の場合、その会場を視察できるのであれば、現地に行って会場の確認をすることです。事前に会場で練習の予約が取れるのであれば、ありがたい話です。当日、公共交通機関を利用するのであれば、当日と同じ時間帯で利用することも大事なことです。自宅から会場までの経路、会場の出入口、控室、トイレ、会場の中まで見ることができるのであれば、隅々までチェックします。

もし、会場に行くことができない場合は、サイトで会場の見取り図やアクセスの確認をします。

テニス部を指導していた頃は、学校ではなく公共のテニスコートであれば、事前に何度も練習をする日をつくりました。テニスの場合は、コートがクレーコート（砂）、人工芝コート、ハードコート（アスファルトやセメントが土台）と会場によって仕様が異なっていました。学校のテニスコートは、ほとんどがクレーコートですが、公共のコートは、人工芝コートやハードコートのためボールの弾み方、シューズや足の使い方も違ってくるため、試合当日に不安にならないためにもリハーサルをしていました。試合会場も個人戦の場合は、6会場くらいに分かれるので、事前に会場まで公共交通機関を利用して現地に選手を行かせていました。

まずは、試合以前の準備に時間を費やします。対戦相手が決まれば、相手を想定して練習をしますが、練習時間以外の消灯前、起床時を活用して、大会当日の朝からの会場に着くまで、会場でのウォーミングアップ、ゲームの流れを詳細にイメージ、勝利の瞬間、表彰までの１日を頭の中でイメージします。かなり時間はかかりますが、イメージリハーサルをしておくことで、会場が初めての場所でも途中でアクシデントがあっても焦ることなく対応できます。

また、ゲーム展開の組み立てだけ、演技の通しだけのイメージリハーサルもしておくと、自信をもって臨むことができます。

危機管理と切り替え

１つ重要なことは、ゲーム展開の組み立てを計画して、繰り返し潜在意識に刷り込みますが、ここでは、もし最高のショットを打ったけれど返球されたとき、こちらはどうするのか、野球でインコースを狙って打つイメージでも実際にアウトコースにしか来なかったらと、シナリオと違うことが発生しても危機管理として、テニスであれば、ロブで一旦返球して立て直すとか、アウトコースを狙うイメージに変えるとか、そういう危機管理もイメージリハーサルをしておくと、とっさの対応ができるようになります。

これは演劇やダンス、プレゼンテーション、すべてにおいて同じです。成功のイメージばかりではなく、もし転んでしまったら、セリフを飛ばしてしまったらと悪いケースのプランも想定してイメージリハーサルしておけば焦らずに落ち着いて対応できます。

イメージリハーサルというと、「やった、優勝」、「成功した」とばかり思いがちですが、様々なグッドケースもバッドケースも想定して、それをどう対処するかも含めてイメージリハーサルプランをつくり上げると本番に役立つと思います。

そこまで準備がされていないと、突発的なアクシデントが起きたり、自分が準備していたイメージと違ったりしたとき、パニックになってしまいます。転ばぬ先の杖です、準備は入念に行いましょう。そんなすべてが予定通りに行くはずがないのです、それも想定してイメージリハーサルしている人は強いのです。

7　現場での実践事例とまとめ

新体操

私が、短期大学の新体操部を創部したとき、技術的な指導は専門家の後輩に監督を依頼して、私はインカレ前にイメージリハーサルを中心に指導しました。

初めに、腹式呼吸でのリラックス法、イマジネーション法で手具の交換のイメージを、手具を交換する場所に立って、投げる方向に向いてシャドーします。次に目を閉じてシャドーをした後、目を閉じたまま手具を投げます。投げた後は目を開けて相手からの手具をキャッチします。

1人で行うときは、落下させたい地点にマーカーコーンのような目印を置きます。それで、イメージと実際のギャップがどれくらいあるのかを確認して、フォームや手具の軌道を修正します。

新体操という競技は、減点法なので、最小限のミスに留めることが必要です。そこで、危機管理として、演技中に手具を落とすとかミスをしたときに、本人が焦らない、メンバーも動揺しないためにも危機管理用の掛け声も決めて、この掛け声で全員が落ち着いて演技できるような練習も繰り返ししました。

もちろん本番では、その掛け声はかけられないので、そのときは心の中で全員が言うようにしました。結果、予選を勝ち抜いてインカレに出場し、本番で一番よい演技ができたと当時監督が報告をしてくれました。

ソフトボール

イマジネーション法で、投手は自分が投げたいボールの軌道をイメージします。頭の中で、軌道にラインを引きますが、リアルにイメージできない投手は実際に地面にラインを引きます。左右コースは引けますが、高低や上下の変化は、頭の中でイメージするしかありません。

キャッチャーミットを見て、軌道がイメージできたらシャドーピッチングをします。次に、もう一度キャッチャーミットにある一点だけを凝視して目を閉じます。数秒間、目を閉じているとキャッチャーミットやその一点が浮かんできます。その後、目を閉じたまま投球します。イメージができている選手は、目を閉じて投球してもキャッチャーが構えているところに届きます。

野手では、振り向きざまにベースに送球した際に、かなりベースからボールがズレる選手、キャッチャーでは、セカンド送球でボールがズレる選手は、自分が動いたときにベースはどこの位置にあるのかがイメージできていませんので、このトレーニングをします。

テニス

イマジネーション法では、サービスコートのコーナーに的を置き、サービスラインに立って位置を確認後、目を閉じて、サーブはフラットか、スライスか、スピンか、頭の中でどんな軌道・回転でボールが的に向かっていくのかをイメージします。イメージが浮かんだら的を目がけてサーブします。ここで重要なのは、ネットに当たってもサービスラインをオーバーしても的をひたすら狙って打つだけです。

他の種目の共通する点

心理的に、「あ、ネットしたからもう少し大きく打たなければ」、「オーバーしたからもっと短く打たなければ」と思いがちですが、短くなろうが大きくなろうが、ただ的を目がけるだけです。ネット競技のバレーボールやバドミントンなども同様です。

野球やソフトボールの投手も同じです。とにかくキャッチャーミットの一点だけを狙います。強打者が打席に入っても「打たれたらどうしよう」と思えば、不安なまま投球するので、ボールが甘くなって打たれます。どんな打者が打席に立とうが、キャッチャーミットの一点だけを見て投球します。

ゴルフでよくあるのは、目の前に池やバンカーがあるときに、「入ったらどうしよう」「入りませんように」と思えば思うほど、そのようになるということです。自分で決めた落下地点と軌道だけをイメージして打つことが大切です。

不安を自分の潜在意識に入れないことです。常にポジティブなイメージで、もしも、入ってしまっても「やっぱり」と思うのではなく、悪い出来事は頭の中で消去して、「よし、ここから攻めていこう」と早い切り替えをしていくことです。いつまでも「あのときの」と思うと、ネガティブのスパイラルにはまります。声かけも重要です。常にポジティブな声掛けをします。

また、相手をやじると自分のチームの選手も聞いているので、自分のチームにとってもマイナスになります。言葉の力は、よいことに使いましょう

スポーツ以外での共通する点

入試や入社試験、面接の前には、イマジネーション法でよりリアルに何度もイメージします。例えば、入試であれば入学試験場の自分の受験番号の座席に座り、「はじめ」の合図後にゆっくり腹式呼吸をして心を鎮めてから受験番号と名前を書いて試験を開始するシーンをイメージします。

面接や人前での発表であれば、オブジェクティブ法で自分が発表している動画を撮影して客観的にチェックをします。スポーツ以外でも日常生活においてもアファメーションとイメージリハーサル法を積極的に使うことを薦めています。

ビジュアライゼーションのまとめ

ビジュアライゼーションの方法をイミテート法、イマジネーション法、アファメーション、オブサブ法、イメージリハーサル法とわかりやすくなるように5つに分けてご紹介しました。

これらは冒頭に記載したとおり、私自身の長年の経験と実践に基づいた内容、分類であり、どこかの団体や研究室でデータを収集して科学的に述べているものではありませんが、試してみる価値はあると思います。そして、「こうあるべきだ」とか「このようにやらなくてはいけない」という考え方ではなく、柔軟性を持って、あなた流のビジュアライゼーション法を確立していくこともお薦めします。

チームでのビジュアライゼーション

チームスポーツや団体の場合は、いくら個人がビジュアライゼーションに熱心に取り組んでも個人だけでは何ともならないケースが多々あります。チームが1つになり、いざというときに日頃の力以上のパフォーマンスを発揮できるようにするためには、日頃からチームのメンバーを理解し、共感し、夢を共有することが重要です。

人は性格も体格も考え方も育った環境も違います。お互いの違いを認め合って、受け入れる心を持ち、夢実現に向けて一緒に努力し、時には競争し、助け合っていくことが何より大切です。

その上で、全員でビジュアライゼーションに取り組めば、間違いなく夢実現に近づくことでしょう。

第7章　夢実現を加速する　～事例と体験コメント～

1　私立高校教諭　谷口玲子さん

夢を可視化した結果

3単位の選択科目「スポーツ総合」では、受講している生徒数30人（女子9人）全員が運動系の部活に所属しています。授業内容は実技中心である体育の授業とは違い、マネジメント、社会学、生理学、トレーニング論等「スポーツ」を様々な角度から捉え授業を行っています。

今回コーチングの一環として、加藤先輩に授業をしていただきました。ガン克服体験談から「夢の実現の仕方」と盛り沢山な時間でした。生徒たちもまさか目の前にいる方が「乳がん第四期生存確率30％だった」なんて、誰も信じませんでした（笑）。しかし、淡々と語られる内容に、生徒たちは自然と真剣な眼差しで話を聞いていました。

『「夢の実現ボード」製作で夢を実現?!』では、「本当にこんなことで実現できるのか」と初めは半信半疑でした。しかし、生徒たちのつくるボードの装飾は時間が経つにつれて、どんどんキラキラしてきたのです。生徒たちも今まで漠然としていた「夢」が、可視化することで明確になってきたようで、ボードの製作発表のときは照れながらも自分の夢を堂々と語っていました。

その後、驚く結果が出ました。受講者10人中6人がベンチ入りした野球部は、なんと37年ぶりに3度目の甲子園に出場、アメリカンフットボール部はクリスマスボール制覇、初の日本一に輝いたのです。シーズン中大怪我を見事乗り越えたQBの生徒は、苦しいときの乗り越え方、目標を設定しいつもその気持ちを忘れないことで、夢は実現することを教えてくれたこの授業が非常に役に立ったと言っていました。

2　高校生　元気ソフトボールアカデミー卒業生　黒田有紗さん

夢や目標を過去形で書く

私は今自分の夢を叶えるために頑張っている途中です。かっこいい先輩を見て、自分もやってみたいと始めたソフトボール、始めた頃はこんなに真剣にやるなんて、強豪校に進学するなんて、自分の夢を見つけるなんて思ってもいませんでした。

中1の頃、先輩方の背中を見て、初めて追いかけたい、追いついて追い越したいという気持ちになりました。そこからソフトボールでもっと上を目指したいと思ったのかもしれません。中2の頃には自分の何年後の姿をイメージしながら、夢や目標を過去形にして紙に書いたり、写真にしたりして、それを大きなコルクボードに貼るというフューチャーボードをつくりました。

最初は全然乗り気ではありませんでした。しかし、自分の未来の姿を想像したりすることは意外と楽しくて時間など忘れてしまうくらいでした。いつも見えるところに置き、毎日将来の自分を想像しました。目標は、「～になる！」ではなく、「～になりました！」と過去形で書いて、なぜ過去形なのだろうと思ったけれど、過去形にすることで未来の自分を想像しやすかったのかもしれません。

実際に一番初めに書いた「ＪＡＰＡＮに入ってスタメンを取りました」という目標は叶いました。中3の夏にU―15の選考会を受け、見事通ることができました。そこは、初めての大舞台、いつもの試合とは全く違った緊張感がありました。また、出会ったばかりの人たちと日本代表という同じチームをつくり、試合に勝ちにいくことは凄く難しかったです。正直、最初は連携プレーなど、上手くいかないところもありましたが、一緒に過ごしていく中でお互いのことがわかってきて、連携プレーも合うようになりました。

ただ、チャンスなどで回ってきたときに緊張で体がガチガチに固まりました。そんなとき元気クラブで教えてもらっていた腹式呼吸をやりました。自分の体の空気をすべて吐いて、一度完全にリセットしてからバッターボックスに入りました。そしたら、周りの声も耳に入らないくらい集中していました。もう1年くらい経つけれど、あのときのバッターボックスでの感覚は今でも覚えています。

今高校では、初めてのことばかりで緊張することばかりですが､元気クラブのときに教えてもらった体の使い方を忘れずにしていきます。自分の体は自分でコントロールできるようにしたいと思います。高校で先生がチャンスを与えてくださるときがあったら、そのチャンスの期待に応えられるように誰よりも努力し、スタメンを勝ち取り、日本一になります。

そして、今までお世話になったたくさんの方々に恩返しができる人になります。もちろん毎日大変な練習や寮生活があり、しんどくなるときが来るでしょう。そんなときは私を信じてここまで送り出してくれた家族、盛大にお見送りしてくれた友達、こんな私をここまで成長させてくださった元気クラブの先生方、どんな私も真っすぐに受け止めてくれ支えてくださる大好きな先輩、バカなことにも付き合ってくれ私のことを理解してくれる最高の親友、いつも「ありさちゃん‼」と寄ってきてくれる可愛い後輩たちがいることを忘れずに、これからも頑張っていこうと思います。

次はフューチャーボードに書いた、「U—18に入りました」と「TOPのJAPANに入って、世界一に貢献しました」という目標を叶えられるように頑張ります。応援してくださる方々を信じて、前だけ向いて我武者羅に、自分らしく！

3　元気ソフトボールアカデミー在籍　野﨑梨杏さん

試合の人数集めから全国大会出場を目指して

私は小学校2年生のときスクール生として元気クラブに入り、4年生の頃に元気クラブに小学生チームができることになり、4年生からチーム生として活動しています。

私は小学校3年生の頃から「全国大会に出場したい」という夢を持っていました。

しかし、小学生チームができた頃は選手が4人しかいなくて、試合に出場できる人数を集めることから始まりました。なんとか試合に出場できる人数が揃い初めての公式戦、元気クラブは5年生が最上級生の中での参加となりました。

私たちは強いチームにたくさん打たれてコールドで負けてしまい、悔しい思いをしました。そのときも私の中で全国大会に出場したいという思いはありましたが、しっかりとした行動には移せていませんでした。その後、私たちが最上級生になりました。元気クラブではみんなでフューチャーボードをつくりました。フューチャーボードにはそれぞれが実現したい夢を3つ書き、写真やイラストを貼りました。私は夢の1つに「小学生チームで全国大会に出場しました」と書きました。周りを見ると同じ夢を書いている人もいました。

自分の夢をボードに書いたことで、この夢を現実にするためにどうしたらいいのかを考えるようになりました。私はボールの速いピッチャーからも打てるようにマシーンで速いボールを打つ練習をしたり、変化球を使うピッチャーもいるので苦手なチェンジアップも克復できるように練習をしたりしました。

全国大会に出場するための練習をチームや自主練でしていくことで、私の中で全国出場は夢から目標に変わっていきました。そして、私たちは県大会の準決勝で、今まで勝つことのできなかった強いチームにコールドで勝ちました。決勝では惜敗して準優勝で全国大会出場を決めました。ずっと目標にしてきた全国大会に出場できるとなったこと、今まで勝つことのできなかったチームにコールドで勝てたことが本当に嬉しかったです。

これからもあのときの喜びを忘れないと思います。全国大会では自分たちの力を発揮できず負けてしまいましたが、貴重な経験をさせてもらえました。ずっと夢だった全国出場を達成できたのは、自分の夢を明確にしてボードに書き現実にさせようと考えて行動できたのが大きかったと思います。私は自分の目標を明確にして書くことの大切さ、夢が叶ったときの嬉しさを学びました。

中学生になった今、私たちはもう一度フューチャーボードをつくりました。私は「中学生チームで日本一になりました」と書きました。私たちは、もう一度全国大会に出場し、次は優勝します。学んだことを活かし、夢を現実にさせるための練習に精一杯取り組んでいきます。

4　公立高校教諭　船橋　健さん

夢実現のファシリテーター

不思議な人である。何が不思議かと言うと、この人に引き込まれてしまうところである。こう言ってしまうと、何だか得たいの知れない人に思えてくる。ところが、関わってもらった人が一様に楽しく、よかった、これからも関わりを持ちたいと思うのはなぜだろう。

出会ったのは25年程前、テニスショップで、たまたま部員を連れてきていたかとうゆかさんと、ショップの店員さんの紹介で出会ったのが始まり。以後、長い付き合いとなった。

テニスを教えにいくこともあれば、生徒の今後について語り合うこともあったり、自分たちの将来について語り合うこともあったりしました。ある意味、ちょうどいい距離感の人なのである。もちろんこれは私だけが一方的に思っているだけなのかもしれないが。

彼女のもとには実に多様で多くの人、専門のソフトボールの仲間だったり、後輩だったり、テニス部顧問だった頃の教え子だったり、今の元気クラブの教え子だったりが訪れ、元気をもらったり癒されたりしていると思う。とても頼りにされている。だからこそ、彼女との付き合いは皆、必然的に長くなる。これほどまでに、多くの人に慕われている人をそうそう見たことはない。だから不思議な人なのである。

私の娘も、今から16年ほど前、とてもお世話になった。受験前で圧迫された気持ちを、話を聞いてもらったり、リラクゼーションで解きほぐしてもらったりすることで、解放されて受験をクリアすることができた。どんな人にも対応できるのは、彼女の力と魅力があるからだと思っている。

その力とは、私なりに表現すれば、状況に入り込むことができる力なのではないかと思っている。人の話を受け止め、その人の状況に入り込むことがとても上手い。その人が望んでいる方向をつかんで、そこに向かうための気持ちを整理して、まっすぐに進めるようにしてくれる気がする。もともとその人が持っているパフォーマンスを引き出す天才なのかもしれない。だから皆が頼りにするに決まっているのだ。

そんな彼女と教育の話をすると、本当にウマが合う。それは人が育つ上で何よりも大切なのは、誰と出会うか、に尽きるとお互い思っているところだと思う。これは昔ながらの長屋住まいの助け合いと似ている。要は人と人との組み合わせで、その組み合わせ次第で、活動能力が増大したり減退したりする。長屋の組み合わせは基本、活動能力増大につながる。

それこそが幸福であることを知っている。まさにかとうさんは長屋のリーダー的存在。彼女は、長屋のメンバーが楽しく前向きに過ごせることが嬉しいと心から思える人であり、メンバーあってのリーダーだと心得ている人。自分を一番に決してせず、二番目にすることのできる人である。

不思議な人というのは、実のところ私たちの世界では希少価値になってしまった無私の人のことだったと、かとうさんのことを書いていて感じている。

5　保育士　高校テニス部　卒業生　佐竹絹代さん

意識を変えることの大切さ

私は中学生のときに軟式テニスを始めました。その頃の私はいつも「私なんか、失敗したらどうしよう」と自信が持てずにいました。それが影響してか補欠にもなれないような選手でした。

高校では、硬式テニス部に入り、そこで加藤先生と出会いたくさんの指導を受け、多くの経験をしました。その中でも先生とのミーティングは、私の考えを大きく変え、今でも自分に根強いていることが多くあります。

ある日のミーティングで、「サーブを打つ場所から見たテニスコートを描いてみて」と言われました。しかし、いざ描いてみようとすると全く描けません。毎日立っている場所なのに、全く描けなかった自分にとても驚きました。先生の問いかけをきっかけに何気ないことでも意識を持つようにしなくてはいけないと気づいたのです。

それからの練習では、自分はどこに立っていて、どういうプレーがしたいのかを意識しました。必ず成功するイメージを持つことも心がけました。すると、意識が変わったおかげで、練習の質も上がりました。

サービスラインに置いた缶に、サーブを当てることはとても簡単になりました。今までは、数をこなすだけの練習でしたが、1回サーブを打つたびに、どんなボールでどこを狙うという明確なイメージを持つようになりました。

また、ある日のミーティングでは、「曲げてみよう」とタオルを巻いたスプーンを先生から渡されました。できるわけないと思っていると、副顧問がグニャグニャと、スプーンを曲げてみせてくれました。私はとても驚き、やる前からできないと決めつけるのはよくないと思い直し、スプーンは柔らかいとイメージをして、再度チャレンジしてみると不思議とスプーンは力を入れなくても曲がりました。私は、この驚きを今でも鮮明に覚えています。

これまで、私は初めからできるわけないと結果を自分自身で決めつけてばかりでした。このことからどんなときも固定観念にとらわれない大切さを学びました。

これらのミーティングでの学びをきっかけに、私の中でいろいろと変わっていきました。失敗しても「〇〇をしようとしてのことだから問題ない。ナイスファイト」と声をかけたり、大きな声で目標を言ったり、「～したいな」ではなく、「～する！」と明確な目標を持つようになりました。

それまでは、「私なんか」と思っていたのですが、「私だからできる」と思えるようになったのです。気持ちの持ち方が変わったことで、試合で大きな結果を残すことができるようになっていきました。ダブルスで、失敗しても「大丈夫、攻めた結果だから」とプラスの言葉をお互い掛け合うようになり、県大会出場を果たしました。

また、個人でも県大会出場をしました。団体戦では県のベスト8、県の私学祭では第3位に入賞することもできました。

硬式テニスを高校から始めたのにも関わらず、幼い頃から硬式テニスをしてきた人たちと互角に試合で戦えた喜びは忘れられません。

固定観念にとらわれない、できないイメージではなくできるイメージや成功させるためにはどうしたらいいのかと冷静に分析をしながら意識を持ち続ける。常にプラスの言葉を発する大切さを学びたくさんの成功体験を部活動で積むことができました。

気持ちがブレそうなときには、どこか一点を見つめ腹式呼吸をして、気持ちを落ち着かせることもとても大切でした。

「私はできる。私は強い」と試合の要所要所で集中をしていたのをとても覚えています。

社会に出てからも、できないではなくどうしたらできるのかなど、プラスの意識を持ち仕事に取り組むことはとても役に立っています。

6　テニススクールコーチ　高校テニス部　卒業生　松井敏恵さん

先生との出会い

先生との出会いは、高校入学前の春休みでした。１本の電話からでした。

私が自宅にいるとき、直接先生から電話をいただいて、「硬式テニスやらないか?」という内容でした。元々軟式をやっていた私は、高校に入ってからも部活はやりたいと思っていたので、「はい、やります!」と即答しました。そのときのことを今思うと、加藤先生の声を初めて聞いたのに、きっと運命だったのかもしれません。何か惹きつけられものがあったんです。

１年生のとき、初めて公式試合に出場して、大した結果は残せなかったものの、帰りの先生の車の中で、「初めて出た試合なのに、ちゃんと堂々と振舞っていて立派に試合できていたよ。頑張ったね」と声を掛けてくださいました。自分では、緊張もあり悔しい気持ちでいっぱいだったのもありで、「なんで負けたのに褒められるのかな?」と一瞬戸惑いましたが、先生からのその労いの言葉が、とても温かく心が落ち着いたのを覚えています。きっと、その声掛けが、負けても一生懸命やることの大切さを身に付けることが大事だと教えてくれたのだと思います。

２年生になり、私は一応キャプテンになりました。キャプテンになると、毎日の部活の練習メニューを先生と考えます。時間配分や他の部員のケアなども含めて、重要な役目です。

先生の専門スポーツはソフトボールですが、運動の専門家です。テニスの技術そのものというよりは、基礎体力はもちろん、身体の使い方やバランス感覚を養うトレーニングを沢山教わりました。時にはエアロビクスをやったり、テニスなのに、ソフトボールのような背面キャッチをやったり、あまり運動に自信のなかった私ですが、そのときの様々な運動経験が、今でも私のテニス人生に大きく役立っています。

また先生は沢山の大人の人たちと私たちを出会わせてくださいました。他の部員の保護者はもちろんですが、先生の大学時代のご友人やあらゆる分野の沢山の大人の皆さんとご縁しました。私の中では、その方々との関わりが、社会人になった今でも、とても役に立っています。

今思うと、こうやりなさい、こうしなさいとか、先生が一から十まで言ったことはありません。先生の考え方は聞いてはいたものの、いつも最終判断は自分自身でしていました。またそういう機会を与えていただいていた気がします。とはいえ、16～17歳の子が考えることなので、時には判断ミスだってもちろんあります。けれど、先生はすぐにそこを指摘するのではなく、それに至ったプロセスをまず聞いてくれました。だから、なぜそうしたか、そうなったかを自分なりに振り返ることができました。

３年生になると、自分の高校生活最後の試合が終わり、今度は裏方としての時間がやってきました。正直、今までやったことのない経験で、なぜ私が裏方なの？　自分がボールを打ってコートに立ちたい、人の面倒とかは見たくないとか思っていた私でしたが、後輩たちのお世話をしていく中で、人を育てる尊さを学んだ気がします。また、その難しさも学びました。

先生は、一見男性と思われる方もいる中、実はとても繊細な部分で、人を見抜く観察力はもちろん、丁寧に人と向きあっていたんだなと思っています。

その先生の生きざまが、今も私のテニスコーチとして、人として前向きに、常に生きることの大切さに反映されていると思います。

大人になって、それなりに経験は積んでいても、もちろん誰かや過去にすがってしまったり、時にはネガティブになったりするときはあります。けれど、私の根底にあるのは、いつもかとうゆか先生の前向きな姿です。

どんな逆境ももろともせず、前しか向かないかとうゆか先生の姿でした。だって、ステージ4の癌だって吹き飛ばしてきたのですから。

いつも、かとうゆか先生は、私にとって太陽のような存在で、実母が亡くなった今でも、母親？もしくは父親？　のような温かさで、私を包んでくれています。

先生と過ごした3年間と、そして今に至るまで、誰にも負けない、強靭なメンタルの姿を目の当たりにして、私の人生に大きな影響を与えています。

もちろん今でもそうです。

そのおかげで私はどこにいっても堂々と、例え総理大臣の前だって、自分の今までの人生を誇ることができる気がします。

7　大学新体操部　監督　中村恵子さん

加藤先生からいただいたもの

今から20年前、単発で新体操選手の練習に伺ったご縁から鶴の一声ならぬ加藤先生の一言により創部の運びとなり、愛知県の高校にお声掛けし新入部員４名が入学し、まさかの新体操部ができてしまった。何の競技歴もない創部1年目の部活なのに「必要だな！」とこれまた例の加藤先生の一言でマットまでもが準備され瞬く間に体育大学のチームさながらの環境が整えられ、選手以上に私の気が引き締まったのは言うまでもありません。

さらに、練習が始まると「やあ！　元気？」とお仕事の合間に部員に声をかけてくださる。間違いなく満面の笑顔なのに、なぜか一気に緊張感が走る。自分たちの至らないところを瞬時に見透かされると選手は感じていました。そして私が「あんなことがあった！　こんなことがあった！」と学生の問題点を報告すると、「ふーん。だから？」とあっさり。ばっさり。常に学生の中で起こりうる問題点は加藤先生には想定内でした。

進学してくる部員は、高校時代に表舞台での活躍する機会に恵まれず、大学では悔いを残したくないと思っていました。とはいえ、望んでいるのは高校時代のような厳しさではなく、もっと楽しみたいということであり、同好会的な楽しさを満喫している様子も見て取れました。そんな中、加藤先生が部員たちにメンタルトレーニングを提案してくださいました。とはいえ学生が構えないように、トレーニングの一環であることさえ気が付くことなく、加藤先生の言葉をイメージしてどんどん自分の可能性を広げていったように見えました。

試合では限られた時間とスペース、さらに緊張感の中で練習の成果を発揮するためには欠かせないメンタル強化のおかげで、練習以上の演技を披露できました。

イメージした自分に近づいていく体験をした部員からは、「私たちが今後目指す楽しさとは、ニコニコすることではなく、目標を達成することだ」という声が出て、わがクラブの根幹となりました。

その思いは、今でも部員に引き継がれています。

8　かづこ助産院　本舘千子さん

元気は愛

私は、ゆかさんと初めて出会ったとき、ガンサバイバーであるということしか知りませんでした。本当に申し訳ありません、ソフトボール界での活躍を全く知らなかったのです。

ただ、第一印象は「この人すごい！　本物だ！」ということ。今まで知り合った誰より熱量が高く、子どもたちに対する愛情の深い人だと感じたのです。

私は助産師ですので、赤ちゃんや小さな子どもたち、その母親たちを相手にお話することが多いです。子どもたちがどうすれば幸せになるか、そのためには母親たちの育児をどうサポートすればよいか、日々考え仕事をしています。そんな私ですので、ゆかさんと教育や指導について話をすればするほど共感することが多くなり意気投合、今も仲良くお付き合いさせていただいています。

以前、私の母校の中学校へ講演を依頼したことがあります。決して積極的とは言えない生徒さんたちでしたが、ゆかさんの講演会では驚くほど楽しそうな表情で聞いていたのが印象的でした。中学生という多感な時期にガンサバイバーの話を聞くこと、今未来に向かってどう行動すればよいか、生徒たちの心のど真ん中にボールを投げ、みんなが見事に受け取っていたように見えました。それは生徒だけでなく、保護者のみなさんや教師にも届いていたようです。

母親向けの子育て講演会にもお呼びしたことがあります。講演会の冒頭「子育てしていない私が子育て講演会なんて……」と笑っていたことを覚えています。しかし、ゆかさんが今まで何百人、何千人の子どもたちとその保護者たちを育てた豊富な経験と知識、技術、そして何より大きな愛がゆかさんにはあります。それを母親たちに聞かせてあげたいと思ったのです。育児に悩んでいた母親たちも講演会後にはいい笑顔で気持ちを軽くしていました。まるで母親たちにエネルギーを充填したかのようでした。

ところで、私は「元気」について講演を行ったことがあります。

「元気」とはなんだろう？

「元気」は「いのち」、そして、「いのち」は「生きる力」イコール「愛」なんだと話したことがあります。

ゆかさんの「元気は愛なんだ」という言葉と私の思いは本当に重なります。すべての力や行動の源には愛があります。私もゆかさんのように子どもたちや周りの人への「愛」や感謝を忘れないで活動を続けていきます。ゆかさんと出逢えたことは私の人生で最高の出来事です。

9　講演会受講生　北海道二海郡八雲町在住　佐々木秀代さん

ゆか先生との思い出

初めて、八雲町公民館で、お会いしたのは、2019年8月3日土曜日、八雲町とは思えないほどのとても暑い土曜日の午前中でした。

なぜか、真夏日、ゆか先生は、真っ黒で、とても元気で、お話中ずっと立ったまま、乳がんのことを話され、びっくりしました。

私は、脊柱管狭窄症の手術で背骨を削り過ぎ、右股関節末期症状で、左膝は人工関節にしてから1年、ノルディックポールか、杖がないと歩行できない状態でした。同じ姿勢でいることは、とても辛い状態でしたが、ケアマネージャーさんが、送迎してくださるということで参加してみました。

ゆか先生のお話は、とても上手で、上から目線でもないし、ステキな方だなあと感じました。お話のほかに簡単な体操やノルディックウォーキングのポールを使って歩く説明などもありました。

私は帰りぎわに思い切って、先生に声かけました。それが出逢いの始まりでした。

私は「ノルディックポールでも、歩けないんです。この手見てください」と「両手、親指、人差し指に大きなタコができていて、両足の裏側にもタコができていて、とても痛いんです」と説明もしたら、時間がない中、ポールの持ち方から階段の登り降りも教えてくださいました。また、背骨を触ってくださって、アドバイスもいただきました。最後に「何かあったら、連絡くださいね」と言ってくださって、ラインを交換しました。

それから直ぐに連絡くださって、自己紹介をしました。それ以来、毎週月曜日欠かさず、元気と笑いをラインで送ってくださって、相談にも乗っていただいています。

ゆか先生との出会いからノルディックの仲間の皆さん、野球の子どもたち、マッサージの方、お友達、全部がつながっていきました。

私もすっかり元気になり、20インチの自転車に乗ることもでき、プールに通うこともできて、生きているって、素晴らしいと実感しています。私の周囲の皆さんも、いつもニコニコしていて、楽しそうだねと声をかけてくれます。

先月の出来事ですが、プールに行ったとき、水着がやたらきつくって、水着が縮んだのかと思ったら、なんと急性心筋梗塞の発作でした。体育館の皆さんに救急車を呼んでもらいました。病院では、ほとんど意識なかったような気がします。そんな状態だったので、直ぐに、太ももからカテーテル手術となり、ステントが1箇所に入ったようです。

ドクターからは、ドクターヘリなら、時間かかるので、即モルヒネ3滴、発作を起こしてから、30分くらいでカテーテル手術でした。早かったから後遺症もなく、助かったそうです。

何の予兆もなく、起こるそうです。我慢していると手遅れになるらしく、皆さんに命を助けていただきました。

私は、手術後ドクターに「プールで、泳げますか？」と聞いたら「はっ？」という表情をされました。バカみたいですよね。

先週から毎日自転車でプールも通っています。ノルディックウォーキングもマイペースで再開しました。杖もなくてもだいぶ歩くことができるようになりました。

こんなにプラス思考になれて、出逢いに本当に感謝しています。写メもYouTubeも勇気、元気をいただいています。毎週月曜日は、とても楽しみです。

そして、何があっても、笑って、ピンチはチャンスです。もう下を見ません。前を向いて、毎日笑顔で、ありがとうと言って生活しています。朝、起きて、ありがとうで始まり、とても楽しい毎日です。

わずかな時間の出逢いを、とても大切にしてくださって、素晴らしい仲間たち、行動、景色、感謝でいっぱいの毎日です。自分でできること、まだまだあるような気がします。マイペースで、コツコツと笑顔で、私なりに広めたいと思っています。

これからも、どうぞ、よろしくお願いします。

あとがき

最後まで読んでいただき、誠にありがとうございました。ここまで読み進めてくださったあなたなら、すでに夢実現の瞬間がはっきりイメージできて、ワクワクされているのではないでしょうか。

２０２０年４月のコロナ渦に出版のお話をいただき、６月中旬から原稿書きをスタートしましたが、おかげさまでこのタイミングだったので、原稿を書く時間を取ることができました。そして、今までの活動をじっくり振り返ることができました。やはり、今までの活動のキーワードは「元気」「笑い」「ポジティブ」だと改めて感じました。

活動のもとになる気力が溢れていて、いつも笑って、笑顔が絶えない、そして、何事もポジティブに受け止めて、ポジティブな言葉を発する、これらは、お金では得られないことであり、いつの時代にも自分を助けてくれるキーワードだと思います。

実現したい夢は人それぞれ違います。また、スケールも違います。しかし、夢実現を達成するには、共通していることがあります。本当にその夢を実現したいのか、夢実現のために努力することを最優先にできるのか、簡単に諦めずに夢実現に向かい続けることができるのか、ということです。

それには、「元気」「笑い」「ポジティブ」が不可欠です。これを日々、実践することで、気づいたときには、あなたの周囲にはたくさんの応援者が現れることでしょう。そして、あなたの夢実現はさらに加速していくことでしょう。

自分の人生は自分の思うとおりにできます。ネガティブに思えば、ネガティブな人生に、ポジティブに思えば、ポジティブな人生に、あなた次第で何とでもなります。一度きりの人生なので、自分で考え自分の足で開拓してみませんか、人生は自分でつくり上げるのです。

もちろん人生においては、大なり小なり山あり谷ありだと思います。しかし、自分の「元気」「笑」「ポジティブ」で、大きかった山が小さくなり、深かった谷も浅くもなります。すべてはあなた次第なのです。

15年ほど前に出会ったある治療家の先生は、「自分の人生は、生まれる前に自分で決めて、この世に生まれてきている。人生の目標を高く設定した人には、大きな山、深い谷がやってくるけれど、越えられない山や谷は、神様は与えない」と仰っていました。

私は、その言葉を聞き、本当にそのとおりだと実感しました。乳がん第四期生存確率30％と宣告されたときは、「死」を間近に感じましたが、出来事をネガティブに受け止めず、なぜ、この出来事が起きたのか「出来事さん」と捉えて、ポジティブに変換してきたから今があります。

いつも困ったことや嫌なことが起きても、すぐポジティブに変換できるのは、なぜだろうと考えたことがあります。この思考は、私の父から授かったものだとわかりました。

父の口ぐせは、「人生は面白い、今がチャンス」でした。今では、加藤家の家訓として、この言葉をいつも目につくところに貼っています。どんな逆境でもポジティブな父だったので、知らないうちに私もそのような思考になっていったのかもしれません。亡父には感謝しています。

最後になりましたが、出版にあたりお声がけをしてくださった出版関係の皆様、体験談やコメント、写真をはじめ協力をしてくださった皆様、本当にありがとうございました。

これからも生かせていただいていることに感謝し、自分の使命を全うします。何しろ生きているだけで儲けものですから、より多くの皆様のお力になれるよう努力してまいります。そして、私のモットー「明るく、楽しく、元気よく、笑って今を生きる」をこれから出会う多くの皆さんにお届けしたいと思います。

「元気は愛なんだ!!」

2020年10月

元気アカデミー　かとうゆか

著者略歴

かとう　ゆか（加藤　由香）

元気プロデューサー／元気アカデミー代表
Genki Softball Academy 主宰／元気ナチュラルウォーカー活動主宰／夢実現加速サポートコーチ／大阪市立大学 非常勤講師／ソフトボール上達練習法研究会会長
1960 年愛知県一宮市生まれ。日本体育大学体育学部体育学科卒業、ソフトボール全国大会優勝・入賞多数。私立学校法人に 16 年高校教員、6 年学園中間管理職の 22 年勤務。
2003 年 6 月乳ガン・第四期・生存確率 30％と宣告されるも克服、健康の重要性を痛感。これからの人生は、病気の体験を生かして人の役に立ちたいと思い独立。一宮市民が選ぶ市民活動支援制度による「元気健康フェスタピンクリボン一宮」を 10 年間開催。収益の一部をピンクリボン活動団体に寄付。
現在は、Genki Softball Academy にて、小中学生のソフトボール指導と普及に寄与。高齢者のための「ポールで楽らくウォーキング＆体操」教室開催の他、「元気健康」をテーマの講演や「人間関係を円滑にする」「夢実現を加速する」ためのセミナー運営、「歩くこと・歩き方で人生が変わる」講演と実技指導やイベント運営。
「笑福を招くゆか sun」LINE 公式、YouTube「かとうゆか元気は愛なんだ」配信中。

子どもの夢実現を加速する実践法

2020年 11 月 5 日　初版発行

著　者　かとう　ゆか © Yuka Kato

発行人　森　　忠順

発行所　株式会社 セルバ出版
〒 113-0034
東京都文京区湯島 1 丁目 12 番 6 号 高関ビル 5 B
☎ 03（5812）1178　　FAX 03（5812）1188
http://www.seluba.co.jp/

発　売　株式会社 三省堂書店／創英社
〒 101-0051
東京都千代田区神田神保町 1 丁目 1 番地
☎ 03（3291）2295　　FAX 03（3292）7687

印刷・製本　モリモト印刷株式会社

Printed in JAPAN
ISBN978-4-86367-619-0